CLÉMENT V

ET

PHILIPPE LE BEL

LETTRE A M. CHARLES D'AREMBERG

SUR

L'ENTREVUE DE PHILIPPE LE BEL ET DE BERTRAND DE GOT

A SAINT-JEAN D'ANGELI

SUIVIE

DU JOURNAL DE LA VISITE PASTORALE DE BERTRAND DU GOT

DANS LA PROVINCE ECCLÉSIASTIQUE DE BORDEAUX EN 1304 ET 1305

PAR M. RABANIS

PARIS

IMPRIMERIE SIMON RAÇON ET COMPAGNIE

RUE D'ERFURTH, 1

1858

Monsieur, je me suis avancé un peu légèrement lorsque je vous ai promis communication des recherches dans lesquelles je réveillai et tranchai par la négative, il y a plus de dix ans, la triste et formidable question de l'entrevue de Philippe le Bel et de Bertrand du Got à Saint-Jean-d'Angely, avant l'avénement du dernier à la papauté. Je n'ai pu retrouver un seul exemplaire de ce travail, ou plutôt de cette ébauche, que j'avais d'ailleurs fort peu répandue, et qui n'eût guère profité à la mémoire de Clément V si de plus impatients ou de moins réservés que moi ne s'étaient chargés, à leurs risques et périls, d'accréditer mon opinion. Je dis à leurs risques et périls, par la raison qu'en la propageant ils crurent ne devoir pas me nommer, sachant peut-être que je n'aime pas le bruit : de sorte que, lorsqu'ils entrèrent en campagne et montèrent sur la brèche, mes arguments et mes conclusions à la main, je ne pus qu'être édifié de la rare abnégation avec laquelle ils assumaient sur eux la responsabilité d'une hardiesse dont, sans moi, ils eussent été fort innocents, et d'une démonstration qui, après tout, pouvait bien n'être qu'un gros paradoxe[1]. Le véritable auteur, le seul coupable, se trouva à peu près supprimé, j'en conviens, mais la thèse n'en réussit peut-être que mieux : elle est passée aujourd'hui à l'état de lieu commun. Quoi qu'il en soit, comme je ne peux tenir ma promesse envers vous qu'en faisant un nouveau travail, je me résigne bien volontiers à cette tâche. Je suis sûr d'y prendre plaisir, puisque je la remplirai à votre intention. Je désire seulement que vous ne vous tiriez pas avec plus d'ennui de celle de me lire.

[1] Je dois excepter le savant et modeste abbé Lacurie, de Saintes, qui, l'un des premiers, attacha de l'importance à mon travail et voulut bien m'en faire honneur, autant qu'il dépendait de lui. Ce n'est pas sa faute si je n'y donnai pas plus de développements et si je me bornai alors à l'ébauche que j'avais tracée, et qui remonte à 1846.

I

Ce n'est pas à vous qu'il faut rappeler l'histoire de cette conférence qui eut lieu, dit-on, à Saint-Jean-d'Angely ou dans les environs, entre l'archevêque de Bordeaux et Philippe le Bel, lorsque ce prince, informé secrètement que l'archevêque serait élevé à la papauté s'il était accepté par lui, voulut faire ses conditions avec le candidat, et, dans un mystérieux rendez-vous, acheta la conscience du futur pontife. Six conditions auraient été imposées au prélat, qui jura, sur l'hostie consacrée, de les accomplir : l'absolution du roi et de ses ministres, frappés ou menacés d'excommunication pour les violences exercées contre Boniface VIII ; la condamnation solennelle des actes et de la mémoire de Boniface ; la réintégration dans le sacré collége des cardinaux de la maison Colonna, que ce pape en avait exclus, et la restitution des biens et honneurs enlevés à cette maison ; la suppression et la condamnation des Templiers ; la perception pendant cinq ans des décimes prélevés sur les revenus du clergé de France pour la guerre contre les infidèles ; la sixième condition, le roi se réservait de la spécifier en temps et lieu, et Bertrand du Got ne s'engageait pas moins à la remplir[1].

Voilà le fait, et ce fait, admis par tous les historiens, n'avait jamais été l'objet que de timides et honteuses dénégations. Les écrivains ecclésiastiques eux-mêmes, par respect humain ou par une fausse montre d'impartialité, avaient cru devoir se rendre à l'opinion générale, et ils l'avaient consacrée, tout en la déplorant. Sponde, Genebrard, Papire-Masson, Raynaldi Du Puy, Bzovius, Baluze, l'ont accueillie[2]; Fleury l'enregistre tout au long[3],

[1] Veccrius (*Histoire de l'empereur Henri VII*), Papire-Masson et d'autres ont pensé que cette sixième grâce consistait dans la concession à Charles de Valois du titre impérial. Ciaconius veut que ce fût la translation de ce même titre sur la tête des rois de France au préjudice des rois de Germanie. — Voy. Muratori, *Script. rer. Ital.* Milan, 1728, t. XIII, p. 323.

[2] Cf. Sponde, *Ann. eccles.*, t. I, p. 354 et seqq. Il répète, en l'abrégeant, la fable de Villani, et c'est ce qu'ont fait tous les auteurs que je cite. — Raynaldi, *Ann.*, t. IV, p. 395, éd. de Lucques. — Du Puy, dans l'*Histoire du différend entre Boniface VIII et Philippe le Bel*, met en marge de celles des conditions qui répondent en effet aux actes de Clément V : *Exécuté.* L'histoire des conditions n'ayant été faite qu'après coup, la note de Du Puy n'est qu'une naïveté. C'est de la prophétie rétrospective.

[3] Fleury, après avoir traduit Villani, se borne à cette simple observation : « Tout cela est tiré de Villani. » Est-ce comme réserve, est-ce comme garantie ? Cf. Fleury, éd. de 1726, t. XIX, p. 92.

le *Gallia christiana* se garde bien de la mettre en doute, l'*Art de vérifier les dates* en est pleinement convaincu [1]. Je ne parle ici que des principaux. Vous jugerez après cela combien ceux qui n'étaient pas précisément intéressés à défendre l'Église ont pris plaisir à raconter ce dramatique épisode de son histoire. Depuis Duchesne jusqu'à Sismondi, depuis Paul-Émile jusqu'à Hallam [2], tous nos écrivains nationaux, tous les étrangers, se sont passé l'anecdote de main en main. La discuter eût été une hérésie.

II

Cependant, Monsieur, quel en était le fondement? L'autorité d'un seul chroniqueur, lequel n'avait rien vu, rien entendu de ce qu'il racontait, et dont les allégations n'étaient appuyées d'aucune preuve,

[1] Cf. *Gallia christ.*, t. II, aux archevêques de Bordeaux : «... Bertrandus... electus in summum pontificem... regis præsertim Christianissimi opera, cui jurejurando pollicitus fuerat se aliquot capita sibi proposita exsecuturum... » — *Art de vérifier les dates*, Chron. des papes, art. Clément V; Rois de France, art. Philippe le Bel.

[2] Cf. Duchesne, *Histoire des papes*, t. II, p. 230. — Sismondi, *Histoire des Français*, t. IX, p. 159 et seqq. — Hallam, *Histoire de l'Europe au moyen âge*, trad. franç., éd. de 1837, c. VII, p. 380.

si indirecte qu'elle fût. Il est vrai que cet historien, dont je reconnais d'ailleurs le mérite, avait nom Giovanni Villani, et telle était sa réputation, qu'on était convenu de le croire sur parole. Quant à moi, j'avais toujours eu des doutes, et vous n'en serez pas étonné, connaissant la réputation de scepticisme incurable dont j'ai été mis en possession par suite de ma répugnance à accepter l'histoire convenue, et de mon obstination à aller regarder aux sources. Que voulez-vous ? J'ai dû à cette indiscrète et périlleuse manie les plus pures jouissances que puisse goûter la conscience de l'esprit, car je n'en connais pas de comparable à celle de réformer une erreur ou de découvrir une vérité, deux choses qui presque toujours n'en font qu'une. La conscience morale, celle du cœur, n'est-elle pas également satisfaite lorsque ces bonnes fortunes de l'érudition tournent à la justification ou à l'honneur de quelque grande victime des passions ou des préjugés, de quelqu'un de ces hommes du passé qui ne sont plus là pour se défendre, et dont on a pu jeter la mémoire et la poussière à tous les vents, sans craindre qu'il en sortît un cri ou une plainte ?

Je restais donc parfaitement incrédule sur le fait de la célèbre entrevue, d'autant plus incrédule que j'étais tenu en garde par la chose même qui a servi de base à l'autorité du récit de Villani; je veux dire l'incroyable précision, le parfait enchaînement des détails où il est entré, détails si particuliers, si abondants, si intimes, qu'à moins d'avoir été du secret ou d'avoir écouté aux portes nul n'aurait dû les connaître. Comment Villani, qui n'a certainement fait ni l'un ni l'autre, avait-il réussi, seul entre tous, à percer l'impénétrable mystère ? Je ne connais pas, dans toute l'histoire, un fait accompli au grand jour de la place publique et devant des milliers de témoins qui ait été exposé, même par ses auteurs, avec une fidélité plus minutieuse et une assurance plus imperturbable que ces muettes intrigues de conclave et ces ténébreux rendez-vous de cloître ou de forêt, auxquels Villani nous fait assister.

III

Aussi je me préoccupais, dans le cours de mes investigations sur les monuments de la domination anglaise dans la Guienne, de tout ce qui pourrait éclairer de quelque lumière l'origine et les actes du pontificat de Clément V. Vous imaginerez aisément quelle fut ma satisfaction lorsque je découvris enfin dans les archives de la Gironde, et parmi les titres de propriété de l'ancienne église métropolitaine de Bordeaux, un document parfaitement ignoré, qui donnait, jour par jour, heure par heure, le relevé officiel et irrécusable des actes et des démarches de Bertrand du Got pendant l'année qui précéda son élection, année marquée par la célèbre entrevue. On savait que le prélat avait consacré cette année entière à la visite de sa province ecclésiastique[1], et, selon l'usage, un procès-verbal authentique avait dû être rédigé pendant sa marche pour en constater chaque étape. En effet, ces tournées pastorales, indépendamment de leur caractère religieux, constituaient un droit utile des plus importants; elles correspondaient, dans l'ordre ecclésiastique, aux aveux et dénombrements fournis, dans l'ordre féodal, par les tenanciers aux seigneurs. Les métropolitains, une fois pendant leur pontificat,

[1] « ... Clemens V, natione Vasco,... fuit electus in Papam in Perusio... et tunc temporis suam provinciam visitabat... » Théodore de Niem, ap. Eccard, *Script. Med. Æv.*, t. I, p. 1472. « ... Cui in Pictavia, in sua provincia, ut moris est, causa visitationis existenti, allatum et decretum... » Johan. a. S. Vict., ap. *Scr. rer. franc.*, t. XXI. « Cum tempore electionis ipsius Clementis papæ, ipse esset in Pictavia, visitando provinciam suam. » Amal. Auger. La biographie de Clément V, par Amalric d'Augier, se trouve dans Eccard et dans Baluze.

avaient le droit de parcourir les diocèses de leurs suffragants en y exerçant toutes les fonctions épiscopales et en prenant gratuitement leur gîte, leur repas, tout leur entretien et celui de leur nombreuse suite, dans les communautés d'hommes ou de femmes, les chapitres, cures et prieurés, qui étaient visités tour à tour ou qui se rachetaient par une contribution. Il fallait une immunité du Saint-Siége pour être exempt de ce coûteux honneur de la visite; et, afin que les droits de séjour, de gîte, et autres, compris sous le nom de *procuration*, fussent chaque fois reconnus et exercés dans la mesure où ils l'avaient été jusqu'alors, ni plus ni moins, la prestation en était immédiatement constatée par acte notarié dont la minute restait déposée, jusqu'à la prochaine visite, dans le chartrier de l'archevêché. On empêchait ainsi, de part et d'autre, les abus ou la prescription. Ce n'était pas moins que le sommaire authentique de ces actes dressés journellement pendant toute la visite de Bertrand du Got, que j'avais sous les yeux[1]. Désormais je pouvais suivre sa trace pas à pas, depuis le 17 mai 1304, époque de son départ de Bordeaux, jusqu'au 20 juin 1305, où il reçut, dans le prieuré de Lusignan, la première nouvelle de son élection. Je n'avais certes

[1] Voir la description et la copie du Journal à la suite de cette lettre.

pas la naïveté de croire que l'entrevue de Saint-Jean-d'Angely, dans le cas où elle aurait eu lieu, ne s'y trouvât pas soigneusement dissimulée, ou non complétement omise; mais il me semblait impossible que le déguisement ou la lacune n'eût pas laissé de traces, et j'avais la confiance que, de l'étude rigoureuse du document et de la comparaison des actes du prélat avec ceux du roi, dont nous possédons aussi l'indication détaillée, il sortirait quelque lumière, quelque révélation propre à mettre la vérité en pleine évidence. Ce travail d'analyse et de confrontation me donna immédiatement la certitude morale et matérielle que les deux illustres accusés n'avaient pu se rencontrer, pendant l'année 1305, ni à Saint-Jean-d'Angely ni ailleurs, et que chacun d'eux avait à opposer un alibi aussi formel, aussi palpable, que jamais les tribunaux en aient constaté ou admis. Tout était là. Quant à l'autorité de Villani, je m'étais déja assuré que son récit fourmillait d'erreurs sur les choses et sur les personnes, et je n'étais pas embarrassé de l'ébranler. Vous allez pouvoir juger de la valeur de mes arguments sur le vu des pièces.

IV

Prenons la discussion par son commencement, c'est-à-dire par l'examen du texte italien que nous allons relire en français, bien entendu, mais seulement à partir de la conclusion du traité ménagé, selon Villani, entre les cardinaux du parti français et ceux du parti ultramontain, ces deux factions irréconciliables qui, depuis plus de neuf mois, se disputaient la papauté, et qui auraient eu pour chefs, la première, le cardinal de Prato et Napoleone de' Orsini; la seconde, Matteo Rosso de' Orsini et Francesco de' Guatani, ce dernier, neveu de Boniface VIII. Je traduis aussi littéralement que possible[1].

« Le cardinal de Prato, rencontrant un jour à l'écart (dans le conclave) messer Francesco Gaetani, lui dit : « Vraiment, nous portons grand

[1] Giovanni Villani, l. VIII, c. LXXX. « ... Dell' una era capo messere Matteo Rosso degl' Orsini con messere Francesco Guáetani nipote che fu de' papa Bonifacio; e dell' altra erano caporali messere Napoleone delli Orsini del Monte e'l cardinale da Prato, per rimettere i loro parenti e amici Colonnesi in istato; e erano amici del Re di Francia, e pendeano in animo Ghibellino... »

« tort et préjudice à l'Église de ne point faire un « pape. » Et messer Francesco lui répondit : « Ce « n'a pas été de ma faute. » Le cardinal de Prato reprit : « Et, si je trouvais un bon expédient, seriez-« vous satisfait? » L'autre répondit que oui. De sorte que, eux causant ensemble, le cardinal de Prato fit si bien par son industrie et sa sagacité, en raisonnant avec messer Francesco, qu'ils en vinrent à ce compromis, savoir : que le cardinal de Prato lui donnait l'alternative que, des deux factions du conclave, celle qu'il voudrait proposerait à sa volonté trois candidats non italiens, et que l'autre faction désignerait, dans le terme de quarante jours, parmi ces trois, celui qu'elle choisissait pour pape. Francesco Gaetani, ayant accepté la proposition sous condition que ce serait son parti qui présenterait les candidats, ce parti nomma trois archevêques, parmi lesquels se trouvait celui de Bordeaux. Ces candidats dénoncés à l'autre parti, le cardinal de Prato, comme sage et sensé qu'il était, jugea que leur avantage se trouverait à élire messer Ramond (*lisez* Bertrand) du Got[1], archevêque de Bordeaux,

[1] Villani confond ici Bertrand du Goth avec son neveu *Raymond*, qui fut cardinal du titre de Sainte-Marie la Neuve, et qui était frère du marquis d'Ancône. Tous deux étaient fils d'Arnaud Garsias du Got et de Miramonde de Mauléon. Du reste, tous les historiens ont défiguré, comme à l'envi, le nom de Bertrand du Got, et tous

de préférence aux autres, encore qu'il eût été créature du pape Boniface et fût de plus ennemi du roi de France, pour injures faites à ses parents pendant

ont commis plus ou moins d'erreurs sur son origine, sa famille, ses antécédents. D'abord, il ne s'appelait ni *du Gout*, ni *de Gouth*, ni *de Goth*, ni d'*Angous*, ni d'*Agout*, comme on l'a souvent orthographié, soit en latin, soit en français. Le Got, en gascon *lo Got* (génitif, *de Got*), était le nom d'une petite paroisse du diocèse de Bordeaux, limitrophe de celui de Bazas, et placée sous le vocable de saint Martin. Jean XXII la désigne parfaitement (*Gall. christ.*, II, *instr.*, c. 302) par le nom de *Ecclesia S. Martini de ipso loco deu Got, infra castrum de Villandraud*. Ce ténement avait-il été défriché ou occupé, dans l'origine, par quelques-unes de ces familles gothiques, d'origine espagnole, que Charlemagne, et surtout Louis le Débonnaire, avaient établies dans la Septimanie et l'Aquitaine, et desquelles vint le terme local assez commun, *ad Gothos, de Gothis*, en gascon, *au Got?* Je l'ignore ; dans les titres anciens, ce nom est écrit ordinairement sans *h*. Cette étymologie aurait pu appuyer l'opinion, à laquelle je résiste pour mon compte, d'une communauté d'origine entre la famille du Got et celle des Villa-Andrando d'Espagne, opinion qui a d'ailleurs été soutenue, dans la *Bibliothèque des Chartes*, de la manière la plus intéressante et la plus spécieuse. Le hameau de Saint-Marin-du-Got et le château de Villandraut, étaient donc deux choses très-distinctes, puisque le château était le fief dominant d'où relevait Saint-Martin, mais elles n'en firent plus qu'une après l'avénement de Bertrand du Got. Ses neveux acquirent la propriété de Villandraut, qui était aussi nommée *Vinhandraut*, *Binhandraut* ou même *Ballandraut*, comme il résulte d'un titre du règne de Richard Cœur-de-Lion, et ils rebâtirent le château, dont les ruines imposantes et pittoresques existent encore. Le fief et l'arrière-fief, confondus alors dans la même main et compris sous le même nom, avaient été un déla guerre de Gascogne par Charles de Valois. Mais, le connaissant pour homme avide d'honneurs, avide de pouvoir, et surtout, en sa qualité de Gascon, avide d'argent, ce qui offrait moyen de le réconcilier aisément avec le roi de France, il employa aussitôt des intermédiaires dévoués et se servit des messagers disposés par les fournisseurs de son parti, sans que le parti opposé se doutât de rien, pour faire parvenir, de Pérouse à Paris, un courrier en onze jours. Ils écrivaient donc au roi de France pour l'avertir que, s'il voulait reprendre sa position dans l'Église et rétablir ses amis les Colonna dans leurs dignités, il n'avait qu'à se faire un ami de son ancien ennemi, l'archevêque de Bordeaux.... Le roi de France, recevant cette lettre et cet avis, envoya sur-le-champ un message amical en Gascogne, à l'archevêque de Bordeaux, le priant de venir à sa rencontre.... Et le sixième jour, le roi, en petite compagnie, se trouva au rendez-vous avec l'archevêque, dans une abbaye située au milieu d'une forêt, sur le territoire de Saint-Jean-

membrement de l'ancienne seigneurie de Langon, partagée entre les Gavaret, les Armagnac, les la Motte, les Grailly, et peut-être même une branche des Russell d'Angleterre. Du reste, le nom de Villandraut n'était point rare dans la Guienne; ce fut, jusqu'à la Révolution, celui d'un archiprêtré du diocèse de Condom.

d'Angely. Après qu'ils eurent entendu la messe ensemble et se furent juré l'un à l'autre, sur l'autel, une confiance réciproque, le roi raisonna d'abord avec lui pour l'amener, par de bonnes paroles, à se réconcilier avec le comte de Valois, puis il ajouta : « Vois-tu, archevêque, j'ai ici, dans ma « main, de quoi te faire pape, si je veux, et c'est pour « cela que je suis venu à toi, afin que, si tu me pro« mets de m'accorder les grâces que je te deman« derai, je t'élève à cet honneur; et, pour que tu « sois bien certain que j'en ai le pouvoir, écoute. » Et il lui montra les lettres et le compromis des deux factions du conclave[1]. Le Gascon, ambitieux de la dignité papale, à cette révélation inattendue que le roi était maître de la lui donner, se jeta à ses genoux comme hébété de joie, et dit : « Mon Seigneur, « ores vois-je bien par ceci que tu m'aimes plus « qu'homme qui soit au monde : tu n'as qu'à com« mander; pour moi, je suis prêt à t'obéir, et ce « sera toujours ma volonté. » Le roi le releva, le baisa sur la bouche, et lui dit : « Les six grâces que

[1] « ...Vedi, Arcivescovo, io ho in mia mano di poterti fare Papa, s' io voglio, è pero sono venuto a te, perchè se tu mi prometti di farmi sei gratie, ch' io ti domandero, io ti faro questo honore ; e acciochè tu sia certo, che io ne ho il podere. » Trasse fuori e mostrolli le lettere e commissioni dell' uno Collegio e dell' altro... » G. Villani, *ibid.*

« j'exige de toi sont celles-ci : » (Suit le détail des fameuses grâces.) L'archevêque promit tout par serment prêté sur le *Corpus Domini*, et encore il lui donna pour otages son frère et deux de ses neveux, moyennant quoi le roi promit et jura de le faire élire pape. Cela fait, ils se séparèrent avec force marques d'amitié.... Revenu à Paris, le roi manda incontinent ce qu'il avait fait au cardinal de Prato et aux autres membres de son collége, leur disant qu'ils nommassent en toute sécurité pour pape messer Ramond (*lisez* Bertrand) du Got, l'archevêque de Bordeaux, son spécial et parfait ami. Et, selon qu'il plut à Dieu, la besogne fut si bien menée, que, dans l'intervalle de trente-cinq jours, la réponse était parvenue à Pérouse, toujours en secret[1]. Le cardinal de Prato, l'ayant en main, la communiqua à son collége, et fit connaître finement à l'autre que, dès qu'il leur plairait, ils auraient une réunion générale, parce que son parti était prêt à tenir sa promesse : ce qui fut fait sur-le-champ[2]. Les

[1] Et come piacque a Dio, la bisogna fu si sollecitata, che IN TRENTA CINQUE DI, fu tornata la risposta del detto mandato a Perugia molto secreta.... » Villani, *ibid.*

[2] « E havuta il cardinale da Prato la detta risposta, la manifesto a secreto al suo Collegio, e richiese cautamente l'altro Collegio, che quando a loro piacesse, si congregassero in uno ch' ellino volcano osservare i patti, *e cosi fu fatto di presente*... » Villani, *ibid.*

deux colléges réunis, au moment de ratifier et de confirmer, par des instruments scellés et authentiques, les actes antérieurs, le cardinal de Prato, prenant pour texte un sujet de l'Écriture sainte approprié à la circonstance, parla avec une admirable douceur; puis, en vertu de l'option qui avait été déférée à son collége, il déclara pape l'archevêque de Bordeaux Ramond (*lisez* Bertrand) du Got, et aussitôt, avec grande allégresse, le *Te Deum laudamus* fut entonné des deux parts[1]. »

V

Tel est l'exposé de Villani, et vous voyez, Monsieur, qu'il n'aurait pas raconté la chose avec plus de suite ni d'aplomb, quand il l'aurait tenue du roi ou du pape. Mais, de prime abord, et sans parler encore de l'entrevue, je remarque dans ce récit des allégations parfaitement erronées et des faits également controuvés.

[1] « ..... E per l'autorita a lui commessa... elesse Papa il sopradetto messer Ramondo del Gotto, Arcivescovo di Bordello. E quivi con grande allegrezza di ciascuna parte fu cantato *Te Deum laudamus*.... e cio fatto e usciti i Cardinali di là dove erano inchiusi, incontanente ordinarono di mandarli la detta elezione. » Villani, *ibid.*

1° Bertrand du Got n'était pas dans ce moment, et il n'avait même jamais été l'ennemi du roi de France ;

2° La réhabilitation et la réintégration des Colonna avaient été accomplies, soit par le pape Benoît XI, soit par un acte spontané de la municipalité romaine, à l'exception de la rentrée des cardinaux Pierre et Jacques dans le sacré collége ;

3° Le cardinal Nicolas de' Ubertini de Prato n'était point et ne fut jamais dévoué à la politique de Philippe le Bel ;

4° L'élection de Bertrand du Got n'eut pas lieu par compromis, ce qui aurait entraîné l'unanimité des suffrages ; elle fut décidée à la majorité de dix voix sur quinze, et cela au dernier scrutin.

Je vais, monsieur, vous apporter la preuve de toutes ces propositions.

VI

On a prétendu que la translation même de Bertrand du Got, du siége de Comminges à celui de Bordeaux, n'avait été opérée par Boniface que par haine pour Philippe, et afin de lui donner, dans la

Guienne, un antagoniste implacable[1]. Mais je voudrais bien que l'on m'expliquât sous quels rapports

[1] *Gall. chr.*, t. II, c. 829. — Je vois que la translation de Bertrand du Got au siége de Bordeaux a été, pour les auteurs du *Gallia christiana*, le sujet de grandes perplexités. Les documents très-erronés sur lesquels ils écrivaient leur montraient les deux siéges de Bordeaux et de Comminges occupés simultanément, la même année (1299), par deux titulaires, Boson de Salignac et Bertrand du Got, qui paraissaient avoir été, chacun pour son compte, et concurremment, archevêques dans l'un et évêques dans l'autre. Les hypothèses auxquelles ils se sont livrés, pour faire disparaître ce double emploi, étaient parfaitement inutiles. Pendant que Bertrand occupait le siége de Comminges, celui de Bordeaux devint vacant (1297), et le chapitre, procédant à l'élection d'un titulaire, avait nommé Boson de Salignac, qui ne fut jamais qu'archevêque élu, parce que Boniface VIII ne lui accorda pas l'institution canonique. Aussi le siége était toujours désigné comme vacant sur les actes publics, à la date desquels il était d'usage de mentionner régulièrement le nom de l'archevêque, après celui du roi d'Angleterre et avant celui du maire de la ville. Parmi les centaines de contrats, baux, baillettes, titres de toutes sortes, que j'ai compulsés aux archives de Bordeaux pour les années 1299 et 1300, pas un ne porte le nom de Boson de Salignac comme archevêque. Tous, jusqu'à l'arrivée de Bertrand du Got, attestent la vacance, *sede vacante*. C'est que Boniface, au lieu d'accorder l'institution à Boson de Salignac, le transféra à Comminges, et mit Bertrand du Got à sa place. Ainsi le nom de Boson de Salignac doit être effacé de la liste des archevêques de Bordeaux donnée par le *Gallia christiana*. Dans l'ancien nécrologe de la métropole, l'anniversaire de Boson de Salignac est inscrit en ces termes : « Anniversarium domini Bozonis de Salinhaco, episcopi convenensis, condam (*sic*) archidiaconi medulcensis (archidiacre de Médoc). » Il n'y a pas de meil-

Bertrand du Got, devenu par sa translation sujet immédiat du roi d'Angleterre, auquel appartenait la Guienne, pouvait être plus dangereux pour Philippe que Bertrand du Got, simple évêque de Comminges, c'est-à-dire placé bien plus directement en relations avec le roi de France? L'évêque de Pamiers, collègue et voisin de Bertrand, obéissant aux ordres de Boniface, avait bien pu donner à Philippe d'amers déplaisirs, et l'on sait ce qu'il y gagna. Était-il besoin que Bertrand du Got devînt archevêque et qu'il passât sous la domination d'un prince étranger, pour pouvoir en faire autant, si son inclination l'y avait porté? Je comprends que le choix d'un archevêque de Bordeaux intéressât grandement le roi d'Angleterre, et qu'il pût y avoir là pour lui, selon la personne, un danger ou un appui; mais qu'importait au roi de France, et de quoi pouvait-il en être aidé ou desservi? Les auteurs qui ont avancé le fait auraient-ils voulu simplement dire que l'avancement de Bertrand du Got aurait été, en soi, une mesure désagréable à Philippe? Soit; mais nous verrons tout à l'heure que le roi en prit fort galamment son parti.

Ce qu'il y a de certain, c'est qu'à l'époque où la

leure preuve que Boson ne doit figurer à aucun titre parmi les archevêques de Bordeaux.

mesure fut prise, Boniface avait moins que jamais l'intention de pousser à bout son royal adversaire. Il aurait mal pris son temps. Philippe, réconcilié avec Édouard Ier, par le traité récent de Montreuil, réconcilié avec Albert d'Autriche, cet ennemi personnel de Boniface, se trouvait enfin dégagé de toute préoccupation extérieure, et libre désormais de diriger tous ses moyens d'action contre le pape, avec lequel la lutte n'était que momentanément suspendue. Boniface, sans appui, sans alliés, comprit alors tout le danger de sa situation, et, quelle que pût être, au fond, la ténacité de ses rancunes, la révolte de son orgueil, jamais il n'avait montré plus de modération, jamais il n'avait été plus prodigue, envers le roi, de concessions et d'avances. Il se disposait, dans ce temps même, à appeler Charles de Valois en Italie, pour lui confier la difficile mission de pacifier la Toscane[1]. Si la translation de Bertrand du Got, en de telles conjonctures, avait pu avoir le sens qu'on lui a prêté, elle devenait une étourderie ou une maladresse, dont Boniface VIII n'était certainement pas capable.

[1] Sur les projets auxquels Boniface voulait faire concourir Charles de Valois, cf. Fleury, t. XIX (éd. 1726), p. 7. Villani, Henri Leo, et tous les historiens d'Italie, aux années 1299, 1300, 1301 et 1302. Dante, Inf., c. xx; Parad., c. vi.

VII

La maladresse ou l'étourderie n'eût pas tardé, dans tous les cas, à recevoir sa punition, grâce aux sentiments d'affection dont le nouvel archevêque se montra pénétré pour la couronne de France. On en peut juger par les faveurs que Philippe lui prodigua. Quatre mois après sa nomination, il était à la cour de ce prince qui lui faisait délivrer des lettres patentes aussi explicites que possible, relativement aux immunités de ses domaines, à la jouissance de ses droits utiles, et aux priviléges des cours d'église dans son diocèse. Le roi défendait à ses baillis et sénéchaux de saisir dorénavant les revenus de l'archevêque sans un ordre formel de sa part, et révoquait toutes les ordonnances par lesquelles ils avaient entrepris d'interdire aux justiciables l'accès des tribunaux ecclésiastiques[1]. Pour

[1] Cette ordonnance porte la date du jeudi après les Brandons de l'année 1299, ce qui, dans le nouveau style, revient au 3 mars 1300. Les auteurs du *Gallia christiana*, ne prenant pas garde qu'ils rapportaient eux-mêmes l'installation de Bertrand du Got sur le siége de Bordeaux à la Noël de l'an 1299, date donnée

donner force à cet acte, qui est daté du 3 mars 1300 (n. st.), des mandements particuliers furent adressés à chacun des officiers royaux qui durent tenir la main à son exécution. Ces mandements sont au nombre de cinq, et l'un d'eux porte l'ordre spécial de remettre l'archevêque en possession de tous les droits, coutumes et péages qui avaient fait partie, jusqu'alors, des revenus de son siége. Au mois de novembre 1302, le roi, par d'autres lettres, datées de Pierrefonds, lui faisait restituer la juridiction de la riche abbaye de Guîtres, dont on l'avait dépouillé. Le 28 avril 1304, il défendait à ses sénéchaux de connaître des appellations des sentences des juges de l'archevêque, avant que ceux-ci les eussent d'abord examinées. Si l'on se souvient de l'impassible et dédaigneuse rigueur avec laquelle Philippe traitait ceux qui lui étaient opposés ou seulement suspects, même parmi les plus hauts dignitaires de l'Église ; si l'on prend garde que quelques-uns de ces actes, notamment celui qui est relatif aux droits des cours d'église, allait

par tous ses biographes, n'en ont pas moins désigné Boson de Salignac, qui n'exerça jamais, et qui, dans tous les cas, était devenu dès lors étranger au diocèse, comme l'archevêque auquel cette concession aurait été faite. Il semble qu'ils aient, dans un moment de distraction, oublié aussi la réforme du Calendrier. V. *Gall. chr.*, t. II, *instr.*, col. 295.

directement contre l'intérêt et la politique du pouvoir temporel qui, pendant tout le treizième siècle, lutta pour arracher aux tribunaux ecclésiastiques la connaissance des causes civiles; si, enfin, on se rend compte, comme nous pourrons le faire dans un instant, de la pénurie ou plutôt de la détresse à laquelle Bertrand du Got était réduit par le fait même de son élévation, l'on comprendra que chacune de ces concessions était un véritable bienfait, un service d'ami, et que leur ensemble atteste invinciblement la meilleure intelligence entre le roi et l'archevêque [1].

[1] Ces différents actes sont aux archives de la Gironde, dans les papiers de l'archevêché. Il y a réellement une grâce ou une concession par année. Ceci étant important, et les concessions de Philippe envers l'archevêque ne devant pas être confondues avec les faveurs ou réparations accordées à cette époque par le roi à diverses églises, notamment à celles du Languedoc, pour les intéresser à sa cause, je vais transcrire ici ce que j'ai trouvé dans les registres de l'archevêché :

« Année 1300. De cette année se trouvent cinq lettres patentes de Philippe, roi de France.

« La première porte défense aux sergents de ne prendre aucune personne ès cimetières, églises, ou autres lieux saints.

« La deuxième porte un mandement aux sénéchaux de Périgord et Gascoigne de ne permettre que les sergents exercent leurs charges ès terres et seigneuries dudit archevêque de Bordeaux.

« La troisième porte mandement au sénéchal de Gascoigne de ne permettre que les officiers de Sa Majesté fassent aucune saisie des fiefs et arrière-fiefs dudit seigneur archevêque au préjudice d'icelui.

VIII

Aux documents que je cite et qui constatent au moins une faveur ou une restitution par année, on opposera deux faits que je me hâte d'indiquer et

« La quatrième porte défense au sénéchal de Gascoigne de ne permettre qu'aucuns sergents résident ès lieux sacrés, ès monastères et autres lieux religieux contre la coustume et droit ancien.

« La dernière porte défense audit sénéchal de ne contraindre les personnes religieuses de ne prendre par-devant lui des actions personnelles et réelles, et de ne leur desnier leur renvoy par-devant leurs juges. »

Au mois d'août de la même année 1300, nouvelles lettres relatives : 1° à la libre publication et exécution des monitoires obtenus de l'archevêque; 2° à la juridiction exclusive de l'archevêque sur les lépreux (*gahets*) et *autres misérables personnes* du diocèse dudit sieur; 3° ordre au sénéchal de procéder contradictoirement avec les délégués de l'archevêque à la liquidation des droits que le prélat doit recevoir, aux termes d'un concordat de 1277, des mains du Comptable de Bordeaux, du Prévôt de l'entre-deux-mers, et du trésorier de Saintonge, à titre de péages, coutumes ou aumônes; le tout en tenant compte des arrérages.

« 1301. 1° Mandement au sénéchal de maintenir l'archevêque dans la haute, moyenne et basse justice ès chatellenies de Coutures et l'Ontrange en Bazadois; 2° déclaration du sénéchal de Guienne, qui révoque, à Saint-Émilion, les défenses et peines portées contre les laïques comparant devant les cours d'Église; ces

qui pourraient être considérés, par des explorateurs superficiels, comme des signes de mauvaise entente, peut-être de pis. Le premier est la protestation solennelle que Bertrand du Got fit présenter au roi et au chancelier, au sujet de la convocation qui lui avait été adressée, comme à tous les autres prélats du royaume, pour assister à l'assemblée tenue par le roi, à Paris, au mois d'avril 1302, dans le but d'obtenir une manifestation du clergé national contre les actes et les doctrines de Boniface VIII.

Cette démarche, si hardie en apparence et dont les Italiens firent plus tard grand bruit, était, dans la situation de Bertrand du Got, le devoir le plus impérieux et en même temps le plus simple, le plus inoffensif[1].

peines et défenses ne devant s'appliquer ni au tribunal de l'officialité de Bordeaux ni à ceux des archiprêtres du diocèse.

« 1302. Lettres patentes mandant au sénéchal de Périgord de rétablir l'archevêque dans la justice de l'abbaye de Guîtres, au temporel, les officiers du roi ayant mis cette justice en séquestre sous prétexte de différends existant entre l'archevêque et le vicomte de Fronsac. »

1304 (28 avril). Lettres de Philippe relatives aux appels des sentences des juges de l'archevêque.

[1] Voir, dans l'*Histoire de l'Église de Bordeaux*, par Hierosme Lopes, et dans le *Gall. chr.*, les priviléges reconnus à l'Église de Bordeaux par Louis VII et par Louis VI, au moment où le prince royal, en épousant Aliénor, prit possession de la Guienne et de la Gascogne. Des actes semblables furent souscrits par Henri II,

Aux termes des priviléges reconnus à l'église de Bordeaux, dès le temps de Louis VI, les archevêques ne devaient de serment d'allégeance ni de service féodal à quelque souverain que ce fût. Ils entraient en possession de leurs domaines, comme ils entraient dans l'exercice de leurs fonctions pastorales, dès qu'ils avaient reçu l'institution canonique, et, ne relevant au temporel ni du roi de France ni du roi d'Angleterre, ils n'étaient tenus de s'avouer ni de l'un ni de l'autre. Tel fut le motif, et le motif légitime, pour lequel Bertrand du Got devait veiller à ce que sa comparution volontaire ne parût point un abandon de ses priviléges et ne tirât point à conséquence pour l'avenir. Cela fait, il signa, comme il le déclare lui-même, la lettre collective adressée au sacré Collége par l'assemblée du clergé français. La protestation même n'est-elle pas la preuve qu'il eût été maître de refuser au roi son concours s'il lui avait plu de ne pas le donner, sans compter que la teneur même de l'acte dément toute idée d'opposi-

par Richard, comte de Poitiers, par Aliénor elle-même après la mort de son glorieux fils, par le roi Jean. La protestation de Bertrand du Got est datée du mercredi avant Pâques, 1301 (v. st.), c'est-à-dire du 18 avril 1302. Cf. *Gall. chr.*, t. II, col. 830; — *ibid.*, *Instr.*, col. 300. On y trouve aussi la réponse du chancelier, de laquelle il résulte, comme je dis, que le roi n'entendait pas que sa sommation portât le moindre préjudice aux droits reconnus du siége de Bordeaux.

tion personnelle au roi de France? Cela est si vrai, que le chancelier lui donna acte de sa protestation, et que le roi déclara qu'il n'avait pas entendu violer les priviléges de l'église de Bordeaux. Si vous aviez, Monsieur, quelques doutes à ce sujet, je mettrais sous vos yeux un acte absolument pareil, que fit dresser, dans une circonstance analogue, Arnaud de Canteloup, neveu de Bertrand du Got et comme lui archevêque de Bordeaux, lorsque le prince Edmond de Langley, frère d'Édouard II, le convoqua, en 1324, parmi les autres barons de Guienne, à une assemblée qui devait se tenir à Langon pour organiser la défense de la province contre les menaces d'invasion de Charles le Bel. Cette fois aussi l'archevêque protesta contre la sommation qu'il avait reçue, au mépris des priviléges de son église, et il déclina, pour la forme, le devoir de vassalité qui semblait en être la conséquence. Croirons-nous qu'il voulût, en cela, faire acte de rébellion ou mortifier son souverain? Pas le moins du monde. Et voulez-vous un autre acte qui confirme et explique encore mieux celui-ci? Regardez à la source où je puise et qui est ouverte à tout le monde. Vous y verrez que deux mois après, Charles de Valois, qui entrait militairement dans la Guienne, ayant sommé, à son tour, Arnaud de Canteloup de venir le joindre à Cahors, le prélat lui répondit exactement comme il venait de répondre à Edmond de Langley, qu'il n'était pas l'homme du roi de France, et qu'en vertu des droits de son siége il n'obéirait pas à la sommation. Je ne suppose pas qu'il soit besoin de rien ajouter à cette démonstration[1].

IX

Le second fait, plus grave au premier aperçu, est l'obéissance que montra l'archevêque envers Boniface, lorsque, bravant les défenses expresses du roi, il osa partir pour Rome, dans l'automne de la même année, dans l'intention de siéger à l'espèce de concile que le pape y avait convoqué afin de traiter avec les évêques français de la situation religieuse et politique du royaume[2]. Comment ne pas

[1] Les deux protestations d'Arnaud de Canteloup se trouvaient dans le *Gall. chr.*, t. II, *Instr.*, col. 301.

[2] L'invitation de Boniface aux prélats français est du 5 décembre 1301. Ils devaient être rendus à Rome le 1er novembre suivant. L'invitation fut renouvelée le 25 juin 1302, à la suite des défenses du roi. Cf. du Puy, *Preuves du différend entre Philippe le Bel et Boniface VIII*, p. 86-188. Fleury, t. XIX, p. 15. Sur la lettre des prélats au pape, voy. *Preuves*, etc., p. 67.

voir ici un acte d'opposition? Comment, Monsieur? en jetant seulement les yeux sur la liste des prélats qui partirent comme Bertrand du Got, et qui formaient juste la moitié de l'épiscopat français, quatre archevêques, trente-cinq évêques, quatre abbés chefs d'ordre. Je ne sache pas que ces prélats, qui crurent alors remplir un devoir, et dont la plupart, sinon tous, n'étaient animés que de sentiments de conciliation, aient été, pour cette démarche, poursuivis ou persécutés par Philippe le Bel, tout vindicatif qu'il était. Verrez-vous un ennemi personnel du roi dans son propre instituteur, le célèbre Egidio Colonna, l'ancien général des Augustins, alors archevêque de Bourges, qui se rendit à Rome en même temps que Bertrand du Got? Et ce qu'il y a ici de curieux, c'est que ces deux prélats étaient, dès cette époque, ennemis déclarés, par rapport à la primatie d'Aquitaine, qu'ils se disputaient, comme tous leurs prédécesseurs respectifs. Le voyage de Rome ne prouve donc rien, et Bertrand du Got put le faire sans inspirer au roi ni défiance ni rancune.

C'est dans cet intervalle que se passa à Bordeaux un terrible événement, dont la responsabilité aurait pu, jusqu'à un certain point, retomber sur ses opinions, à titre de complicité morale, s'il n'avait pas été acquis au roi de France, mais qui n'altéra nullement leurs relations. A la suite de la désastreuse bataille de Courtrai et des autres revers éprouvés par Philippe dans la guerre des Flandres, la fière cité de Bordeaux, que Philippe hésitait, sans motifs, à restituer, puisque le traité fait avec Édouard l'y obligeait, se révolta contre les Français, le jour de Noël 1302, et la population furieuse, imitant l'exemple encore palpitant des Vêpres siciliennes, enveloppa dans le même massacre, et la garnison française, et les officiers royaux, et les habitants connus pour appartenir au parti français, qui était celui de l'étranger[1]. Un avocat bordelais, nommé Guillaume de la Rue, qu'on soupçonnait d'en être, assailli par les meurtriers, avait cru les arrêter en

[1] Le soulèvement de Bordeaux est sommairement rapporté dans les *Grandes chroniques*, fol. 131, dans le continuateur de Nangis, an. 1302; dans Walsingham, qui s'exprime ainsi : « His diebus cives Burdigalenses Dominium Gallicorum non ferentes, illos de civitate sua, circa Natale Domini expulerunt. » En 1308, Clément V obtint des lettres de pardon et de rémission pour les Bordelais, dont Philippe le Bel n'avait pas encore renoncé à se venger. Le texte latin de ces lettres, fort maltraité par les copistes, se trouve dans les registres de la municipalité, sous ce titre : « *Asso es la perdonansa que lo reys de Franssa fet a la vila de Bordeu e a la jurada de la vila, a la preguaria de papa Clemens.* » On peut juger de la portée et des violences du soulèvement par les expressions mêmes du roi, qui déclare n'en vouloir pas rappeler les détails : « *Populi civitatis ejusdem.... quo nescitur ducti consilio, se a nobis nostrisque gentibus averterunt, ut cætera taceamus quo furor popularis tunc et post, nostris gentibus intulit se...* etc. »

prononçant à haute voix la formule consacrée d'appel au roi de France[1]. Au lieu d'être une sauvegarde, ce cri redoubla la rage de la populace, qui lui arracha la langue pour le punir de son blasphème, avant de l'égorger. Un huissier du parlement de Paris, qui exploitait dans le pays, au nom de cette juridiction révérée de l'Europe entière, fut en butte à toutes sortes d'outrages, et n'échappa à la mort que par miracle[2]. Ce fut là, sans doute, après Courtrai, l'une des plus poignantes disgrâces

[1] L'appel au roi, comme juge de ressort, suspendait toutes les poursuites et avait la vertu, dans la Guienne, de désarmer tous les pouvoirs. Celui qui avait appelé était placé par cela même sous la sauvegarde du roi et arborait les fleurs de lis sur sa maison. Cet appel, qui répond, en quelque sorte, à la *quiritation* romaine, nous a été conservé, sous sa forme officielle, dans divers actes. Il existe, entre autres, aux archives de Pau une requête adressée à Philippe le Bel, en 1312, contre le Stewart de Guienne, par Amanieu d'Albret, dans laquelle nous lisons : « *Quoniam appellationis remedium est inventum in relevamen oppressorum contra malitiam opprimentium et opprimere volentium.... pro me et mihi adhærentibus* PROVOCO et APPELLO, et *hac voce appellationis* SÆPE ET SÆPIUS EMISSA, *ad præfatum dominum nostrum Regem.* » Il paraîtrait que, comme dans l'ancien droit de Rome, la formule de l'appel devait être oralement articulée par les appelants, et cela un certain nombre de fois.

[2] Voy. l'information faite du mandement de l'évêque de Soissons, député, etc., à la réquisition de Baudet le Bourguignon, sergent du roi, sur les torts à lui faits *in rebellione villæ Burdegalensis*, etc. *Reg. des Olim.*, t. III, p. 139.

du règne de Philippe. Il pouvait aussi redemander ses légions à Varus. Malgré cet affligeant motif de froideur ou de défiance, les dates des actes intervenus entre le roi et le prélat prouvent jusqu'à la dernière évidence que Bertrand du Got conserva, comme auparavant, les bonnes grâces de Philippe, et celui-ci pardonna plus tard, à sa prière, la révolte des Bordelais.

X

Mais peut-être je confonds, et mon plaidoyer porte à faux, lorsque je parle si abondamment des excellents rapports de Philippe et de Bertrand du Got. D'après Villani, en effet, l'archevêque et le roi ne s'en seraient pas voulu personnellement. C'étaient leurs familles, leurs deux maisons qui se trouvaient en délicatesse. Charles de Valois avait manqué à quelqu'un des parents de l'archevêque, à un de ses frères, probablement; de là le besoin d'une réconciliation générale entre les Capétiens et les du Got.

La version serait par trop naïve et les historiens qui l'ont adoptée, Sismondi entre autres, ne se sont pas aperçus qu'ils faisaient jouer un rôle des plus ridicules au roi de France, en le montrant si préoccupé des rapports de son frère avec la parenté de l'archevêque. De tous les gentilshommes qui avaient pu supporter leur part des maux de la guerre de Guienne, les frères de Bertrand du Got eussent été certainement les seuls qui s'en fussent pris personnellement au premier prince du sang, au commandant en chef des armées françaises. C'était faire remonter leur rancune un peu haut. J'en vois, et des plus considérables, dont cette guerre avait anéanti la fortune ; j'en vois qui, chassés de leurs opulents domaines, traînèrent pendant dix ans, à l'étranger, une existence misérable[1] : je lis enfin, et je lis avec une involontaire émotion, dans les registres de la municipalité de Bordeaux, les noms de tous ceux qui, enlevés à leurs familles, en qualité d'otages, par le féroce Robert d'Artois ou par le connétable Raoul de Nesle, furent internés dans les diverses villes du Midi, Tou-

[1] Les noms des gentilshommes gascons réfugiés en Angleterre, de 1294 à 1303, c'est-à-dire pendant l'occupation de la Guienne par les Français, et la détresse à laquelle ils étaient réduits, sont consignés dans les archives de Guild-Hall, à Londres, d'où M. Jules Delpit a transcrit de curieux renseignements. Les actes de Rymer, pendant cette période, offrent également un grand nombre de requêtes adressées par eux à Édouard, et qui constatent leurs misères. On y trouve les de Pons, les Castillon, les Captaux de Buch,

louse, Narbonne, Carcassonne, Montpellier, et dont plusieurs succombèrent à leur désespoir, loin des dernières consolations du foyer domestique [1]. Les frères de Bertrand du Got ne sont point parmi ces victimes. Je trouve, au contraire, que l'un d'eux, Arnaud-Garsias du Got, seigneur de Coutures et d'Allemans, en Agenois, avait servi sous le drapeau de la France pendant la guerre de Guienne, comme écuyer banneret, sous les ordres du comte de Saint-Pol [2]. C'est celui qui, après l'élévation de Bertrand,

les Rions, les Caupène, les d'Agassac, les Montgiscard, etc. Ils sont qualifiés dans les actes de Guild-Hall, du titre de *Vascones de paragio*.

[1] A trois différentes reprises, des otages furent enlevés de Bordeaux sous le gouvernement de Robert d'Artois. Les listes se trouvent dans les registres de la Jurade de la ville, et, à la suite des noms, on lit souvent cette mention funèbre : *E murit à Carcasona;—E murit à Tolosa* (et il mourut à Carcassonne — et il mourut à Toulouse). On sait d'ailleurs ce qu'étaient ces exils et ce qu'ils coûtaient alors aux malheureux déportés et à leurs familles. Au moment du départ des otages échangés dans les traités entre souverains, nous voyons que le peuple réuni dans les églises priait solennellement pour eux et récitait les prières des agonisants, sinon l'office des morts. Cf. Rymer, *Pacta et conventa*, etc., t. I, partie III, p. 37.

[2] Les quittances données par Arnaud Garsias, en ses qualités, sont rapportées dans le grand ouvrage de Courcelles sur les généalogies des pairs de France (tome VI). Voy. dans cet ouvrage l'article (probablement de l'abbé Lespine), assez bien étudié, sur la maison du Got, mais qui laisse pourtant encore à désirer.

fut investi par Philippe le Bel des vicomtés de Lomagne et Auvilars, récemment acquises à la couronne et eut pour fils le fameux Bertrand, marquis d'Ancône[1]. Sur ce chapitre, on en croira peut-être Philippe lui-même, qui dans un acte authentique proclama la constante affection d'Arnaud du Got pour sa personne et pour ses intérêts, témoignage qui au sortir des guerres avec l'Angleterre n'eût été qu'un brevet de déloyauté et de trahison, si les du Got ne l'avaient pas mérité par leur conduite[2]. Gaillard, l'autre frère, co-seigneur de Duras-Durfort, suivit-il également le parti de la France, je n'en ai pas la preuve sous la main, mais j'hésiterais d'autant moins à l'affirmer, que, ses principaux fiefs étant également situés en pays français, il devait le

[1] La concession des vicomtés de Lomagne et Auvilars à Gaillard du Got est postérieure à l'élection de son frère, et il n'y a pas de doute possible sur ce point : cela n'a pas empêché Sismondi de dire que Bertrand du Got était de *la famille des vicomtes de Lomagne*. Voy. Sismondi, t. VIII, p. 160.

[2] « ... Considérant et regardant le bon portement, la grande loyauté et la ferme constance que nous avons toujours trouvés en Arnault-Garsie de Got, frère de N. S. P. le pape, et en Bertrand, fils du susdit chevalier, et en ceux de leur lignaige, et les bons et agréables services qu'ils nous ont faicts, en rémunération d'iceux services et en récompensation de certaines terres et rentes qu'il avait deslaissées au duché d'Acquitaine, etc. » Cf. Baluze, ouvrage cité, t. I, p. 617; Fr. Duchesne, *Vies des card. franç.*, t. II, p. 256.

service féodal à Philippe. Je me rappelle, à ce sujet, avoir lu une réclamation d'un des cousins de Bertrand du Got, qui sollicita longtemps du roi d'Angleterre une indemnité pour les pertes qu'il avait essuyées pendant la guerre de Gascogne. Cette indemnité n'était pas encore réglée en 1308, sous le pontificat de Clément V, puisque, cette année, le roi ordonna secrètement une enquête pour vérifier si la demande était fondée, et si Bertrand de Salviac, c'était le nom du réclamant, avait réellement éprouvé les dommages dont il se plaignait [1]. Serait-ce là un des griefs auxquels Villani a fait allusion ? Mais les actes de Rymer, la collection Bréquigny, les extraits de Th. Carte, sont pleins de demandes de cette espèce, auxquelles les rois d'Angleterre ne donnaient qu'une médiocre attention, parce qu'ils en connaissaient le peu de sincérité. Il n'y avait peut-être pas un seigneur gascon qui, si on l'en croyait, n'eût tout perdu à la guerre

[1] Après l'avénement de Clément V, ce neveu reçut de grandes faveurs du roi d'Angleterre, les châteaux de Tantalon et de Lados, la prévôté de Bazas, etc. L'ordre d'informer secrètement sur ses demandes fut donné à l'évêque de Norwich, au comte de Richmond, à Guy Ferre, sénéchal de Guienne, et à William Juge, commissaires délégués dans la province. Cf. Rymer, t. II, part. I, p. 174. Cf. Mss. de Bréquigny à la Bibliothèque impériale, t. X. — *Rôles gascons*, de Thomas Carte, t. I, p. 40.

de Guienne, et qui n'ait demandé aussi son indemnité.

XI

Rien ne reste donc, monsieur, des motifs de cette burlesque nécessité d'une réconciliation préalable entre la maison royale de France et la maison du Got, et ce n'a pu être pour cet objet que le cardinal de Prato mit tant de zèle à prévenir Philippe. Un homme si habile, si sagace, si positif, selon les expressions de Villani, devait savoir mieux à quoi s'en tenir sur les vrais rapports du roi de France et de l'archevêque de Bordeaux, et il n'eût pas employé tant d'astuce ni tant de diligence s'il ne s'était agi que de rapprocher deux personnes qui déjà s'entendaient fort bien.

De ce premier prétexte de l'entrevue, passons à celui qui concerne la réhabilitation des Colonna [1] et même, puisque le cardinal l'aurait dit, celle du roi en personne. C'est un fait, vous le savez mieux que moi, Monsieur, que, dans son court pontificat,

[1] Cf., sur les poursuites dirigées par Boniface VIII contre les Colonna, Raynaldi, *ad A..n.* 1296. Du Puy, *Preuves*, etc., p. 29 38.

Benoît XI avait complétement abrogé et anéanti toutes les bulles, tous les actes de Boniface VIII, par lesquels le roi avait pu être frappé ou menacé seulement d'excommunication. Il avait rendu à la couronne de France la plénitude des prérogatives dont elle avait toujours joui au point de vue canonique, et il ne restait rien à faire de ce côté [1]. Quant aux Colonna, le même pontife n'avait-il pas rétabli également les membres de cette famille dans l'exercice de tous leurs droits civils? n'avait-il pas révoqué l'étrange arrêt de Boniface qui les déclarait à perpétuité incapables des dignités ecclésiastiques [2] ? et, si quelque chose avait pu manquer aux réparations qui leur furent faites sous ce pontificat, le Sénateur de Rome et les anciens du peuple, réunis spontanément au Capitole, après la mort de Benoît, ne s'étaient-ils pas empressés d'annuler, par un jugement solennel, toutes les déchéances qui avaient pu les frapper dans leurs droits civils et politiques [3]. Je sais bien que le pape n'avait pas rendu

[1] Cf. Raynaldi, t. IV, p. 376-380. — Fleury, t. XIX, p. 79-83. — Voyez la curieuse et intéressante collection des *Priviléges accordés à la Couronne de France* par le Saint-Siége, que MM. A. et J. Tardif ont réunis et publiés pour la première fois (Paris, 1855.)

[2] Cf. du Puy, *Preuves*, etc., 207, 227-30, 278. Raynaldi, *loc. cit.*

[3] Du Puy, *Preuves*, etc., p. 278. On y trouve le procès-verbal de la délibération du Sénateur et des *Anziani*.

à deux d'entre eux leur rang dans le sacré collége. Mais, à part cette omission, qui tenait, d'après la très-juste observation de Raynaldi, à de graves considérations de discipline ecclésiastique, et qui, d'ailleurs, pouvait être aisément réparée, je ne vois pas ce qu'on avait à souhaiter de plus pour cette illustre famille qui racheta tant de fautes par tant d'infortunes. Sans doute, Philippe aurait voulu bien davantage et pour eux et pour lui, puisqu'il ne visait à rien moins, la suite le prouva, qu'à faire déclarer nuls tous les actes de Boniface, et à rayer son pontificat de l'histoire de l'Église. Mais croirez-vous que ce fût cela aussi que le cardinal de Prato voulait, lui qui aurait vu, par là, tout son passé compromis? Assurément, les amis de Philippe n'auraient pas eu moins à se plaindre d'une telle mesure que ses ennemis les plus acharnés. On objectera ici la bulle qui, un mois avant la fin prématurée de Benoît XI, ordonna des poursuites contre Nogaret, Sciarra-Colonna, et les autres auteurs du guet-apens d'Alagna, et qui les citait à comparaître devant le pape lui-même. J'en conviens, la bulle atteste que Benoît XI, malgré son exemplaire douceur, ne croyait pas devoir laisser impunis ceux qui avaient porté la main sur le Saint-Père, après avoir pillé, en vrais brigands, le trésor pontifical. Ici le cri de la conscience publique demandait vengeance, et par la voix même de ceux qui méprisaient le plus Boniface [1]. Mais n'est-il pas croyable qu'en voulant donner satisfaction à la justice le pape n'entendait pas recommencer la querelle ? Philippe, quoi qu'on en veuille dire, était désormais hors de cause, et la France aussi. Le pape, par cela même qu'il s'était réservé la sentence, indiquait, d'ailleurs, suffisamment qu'il entendait rester maître d'y apporter les tempéraments nécessaires, et qu'il saurait apprécier les temps, les lieux, les personnes. Il eût agi, sans nul doute, comme fit plus tard Clément V ; il n'aurait pu faire ni plus ni moins [2]. Que cette bulle désobligeât profondément le roi, qu'elle contrariât l'opiniâtre vivacité de ses passions, cela n'est pas douteux ; mais qu'elle remît tout en question, qu'elle constituât une attaque directe envers la France, après toutes les marques de bienveillance qui l'avaient précédée, enfin, qu'elle parût au conseil du roi une mesure assez grave, assez décisive pour entraîner même l'empoi-

[1] Voy. le célèbre passage de Dante :

> Veggio in Alagna entrar lo fiordaliso,
> E nel vicario suo Cristo esser tratto....
>
> Dante, *Purgat.*, xx.

[2] Sur la pénitence imposée à Guillaume de Nogaret et à ses complices, et qui ne fut pas exécutée, voy. Raynaldi, *ad Ann.* 1311 Cf. du Puy, *Preuves*, etc., p. 601-602.

sonnement de l'innocent pontife, c'est ce que je nie.

XII

Le cardinal de Prato, j'imagine, devait savoir tout cela mieux qu'un autre, mieux que nous, Monsieur. Cependant, pour devenir l'instigateur du complot qui aboutit à l'entrevue, il fallait qu'il fût bien mal renseigné sur la situation ; et, à ce propos, on est bien obligé de se demander dans quel but il le trama. Devait-il lui en revenir personnellement de tels avantages, soit du côté de la France, soit du côté du Saint-Siége, qu'on puisse dire de lui : *Is fecit scelus cui*, etc.? Nullement. Arrivé au faîte des honneurs, prince de l'Église, rassasié de distinctions et de pouvoir, le cardinal n'avait rien à attendre du pape, quel qu'il fût, et nous chercherions vainement de quelle récompense Clément V paya ses services. Quant à la France, nous allons le trouver, immédiatement après, et dans deux occasions décisives, occupé à faire échouer, selon les propres paroles de Villani, les desseins les plus importants et les vœux les plus chers de Philippe le Bel. Ce serait au moins une preuve suffisante qu'il n'aurait ni reçu ni sans doute demandé le prix de sa trahison [1].

Mais ici vous faites, je pense, la même réflexion que moi : qu'auraient-ce donc été que les hommes de ce temps-là, et qu'était-ce aussi que Villani lui-même? Voilà un vieillard, un vétéran de l'ordre de Saint-Dominique, qui nous est donné comme la lumière, comme la providence, comme la fleur du sacré collége, et dont l'historien ne peut assez vanter la sagesse, la dextérité, l'éloquence, la prudhomie. Et ce même homme n'hésite pas un instant à vendre le Saint-Siége, à souiller sa conscience, à déshonorer la papauté elle-même, en faisant tomber la tiare sur la tête du candidat qu'il a jugé le plus vicieux de tous, et qu'il choisit tout exprès parce qu'il le sait avide d'honneurs, affamé d'argent, sans convictions, sans principes, et capable de se vendre, lui et la chrétienté tout entière, à qui voudrait l'acheter! Et l'impassible historien, digne ancêtre de Machiavel, ne voit, dans toutes ces infamies, que le triomphe de la prudence et de l'habileté! Il les juge, il les admire en artiste. Non, Villani nous a laissé de Nicolas de Prato un portrait de fantaisie, comme il a inventé l'inimitié de Bertrand du Got et de Philippe le Bel. On concevrait à peine une con-

[1] Cf. sur Nicolas de' Ubertini, cardinal de Prato, Villani, l. VIII, c. LXXXIX. — Ciaconius, *Vitæ PP. Romanorum*, etc., p. 827.

duite pareille à celle du cardinal de la part d'un homme dévoré d'une ambition aveugle ou entraîné par le fanatisme politique. Rien de semblable, vous l'avez vu, dans l'idée que Villani nous en a donnée : c'est le calcul, la diplomatie, le calme, le sang-froid même[1]. Nicolas de Prato, créature de Boniface, d'après Villani lui-même, et Gibelin d'origine et de conviction, c'est-à-dire opposé de toutes façons à la prépondérance française, ne pouvait former le complot qu'on lui attribue. Boniface l'avait fait évêque de Spolète; il lui avait confié d'abord le vicariat de Rome, puis les légations de France et d'Angleterre. C'est lui que le sacré collége avait délégué pour répondre, en son nom, à la lettre collective du clergé de France contre Boniface. Élevé au cardinalat par Benoît XI, il avait été chargé des missions les plus importantes et les plus difficiles dans la Toscane, la Romagne et la Marche. Rapprochez de ce passé, rapprochez de la malveillance qu'il devait montrer plus tard envers Philippe, les manœuvres racontées par Villani, et dites-moi si ces manœuvres n'eussent pas été un effet sans cause. J'ajoute, par rapport au cardinal, une cause sans effet, attendu

[1] « Messer Nicolao cardinale della terra di Prato, era frate predicatore molto savio di scrittura e di senno naturale, sottile, sagace, e avveduto, e gran pratico. Di progenie Ghibellina era nato... » Villani, *loc. cit.*.

l'impossibilité d'en surprendre la trace dans la constante unité de ses sentiments, de son caractère et de ses relations.

XIII

A ce point de vue, Monsieur, la conduite et la politique du cardinal deviennent inexplicables, et cette négociation, chef-d'œuvre d'une habileté consommée, n'offre plus aucun sens. Que le parti auquel appartenait le cardinal eût voulu nommer un candidat agréable au roi de France, ou que le cardinal, tout mal disposé qu'il pût être pour Philippe le Bel, eût jugé devoir faire acte de résignation et de prudence en agréant un candidat français, rien jusque-là que de possible et de vraisemblable. Mais, de mettre l'élection dans la main du roi, de le rendre d'avance et sans conditions maître de la personne et des volontés du futur pontife, voilà ce qui, de la part du cardinal de Prato, et même de la part des autres, ne saurait jamais paraître ni habile ni même sensé. Évidemment, il y a une question que le récit de Villani ne résout pas, ou plutôt qu'il soulève. Bertrand du Got était-il, ou non, dans tous les cas, le candidat sur lequel les voix du parti français devaient se réunir? Non, sans doute, puisque le roi de France débute par lui dire : « J'ai dans ma main de quoi te faire pape, si je veux. » Donc, dans le cas où Philippe aurait fait savoir qu'il n'y avait pas moyen de s'arranger avec cet homme, le parti français, pressé par le terme fatal des quarante jours, et dans l'impossibilité de faire un second essai, eût pris au hasard un des deux autres candidats. Mais quoi? connaissant Bertrand du Got comme il le connaissait, le cardinal de Prato n'avait pas prévu tout ce qui allait arriver? Il ne se doutait pas qu'il n'y avait point de condition si avilissante qu'un pareil homme ne s'empressât d'accepter, si Philippe la lui imposait? Répondre que, le choix du parti français étant arrêté, à tout événement, on voulait seulement ménager au roi de France les moyens de faire d'avance sa paix avec l'Église, ce ne serait pas seulement oublier que le roi lui-même entendit la chose d'une tout autre façon, ce serait répéter en d'autres termes l'objection même que j'élève. Car enfin ce dignitaire de l'Église, qui avait vieilli dans la pratique des affaires, et qu'on nous donne pour le plus exercé de son temps, n'aurait employé tant de soins, tant de ruses, tant de mystères, que pour livrer, sans s'en douter, la chaire de saint Pierre aux caprices d'un souverain étranger, pour la reléguer désormais parmi les antiquités du garde-meuble de la couronne de France, et cela sans sûretés pour l'Église, sans avantages pour lui-même; que dis-je? avec la certitude d'avoir à lutter toujours contre Philippe; enfin, sans précautions, sans pitié même pour le malheureux candidat qu'on allait exposer à la plus enivrante, la plus irrésistible des tentations, *si cadens adoraveris me*.... A ce compte, il n'y aurait eu qu'un habile homme dans l'affaire, et c'est le roi de France; quant aux autres, leur prétendue habileté ne paraîtra jamais, à quelque point de vue qu'on se place, que la plus niaise, la plus ridicule et la plus criminelle sottise.

XIV

Enfin, la forme même de l'élection de Clément V, la forme officielle du décret rédigé par le conclave, dément et détruit, à elle seule, l'histoire du compromis. J'insisterai peu sur cette preuve, par la raison que d'autres l'ont déjà mise en avant, notamment l'illustre Mansi, et qu'elle n'est moins nécessaire qu'à eux; mais qui ignore que les élections par compromis emportent forcément et toujours l'unanimité des suffrages, puisqu'ils sont engagés d'avance, tandis que Clément V ne fut nommé que par dix voix sur quinze votants? La lutte avait donc continué jusqu'au dernier scrutin, jusqu'à la dernière minute, et les cinq cardinaux opposants, qui durent se ranger à l'avis des dix autres, sont nommés dans le procès verbal. D'un autre côté, Villani fait faire la proclamation du nouvel élu par le cardinal de Prato, le chef du parti français, tandis que le procès-verbal constate qu'elle fut faite par Francesco Guatani, le chef du parti ultramontain[1]. Voici ensuite Infessura, qui avait les pièces sous les yeux, et qui dit que ce fut Napoleone de' Orsini qui prononça la clôture du conclave[2]. Ces contradictions, ces inadvertances, sont-elles d'un écrivain bien renseigné, d'un observateur habile et parfaitement servi, pour qui les chancelleries les plus hermétiquement fermées n'avaient point de secrets?

[1] Voy., dans Raynaldi, *ad ann.* 1305 (t. IV, p. 1393-95), les actes de la nomination de Clément V. — Hiérosme Lopes, *Histoire de l'Église de Bordeaux*, etc.

[2] « ... E misser Napolione... ruppe li cardinali e girosene in Francia... » Stef. Infessura, ap. Eccard, *op. cit.*, c. 1221.

XV

Nous venons de faire, Monsieur, quelques ratures dans le texte de Villani. Ce n'étaient là que des opérations préliminaires. Nous devons aborder maintenant, ainsi le veut l'ordre du débat, le fait matériel de l'entrevue, en déterminant d'abord le moment précis auquel il faudrait nécessairement la rapporter. Ceci est un calcul de jours et d'heures que l'incroyable précision de Villani permet d'effectuer d'une manière à peu près infaillible. Il s'agit, en effet, d'un intervalle de quarante jours, ou plutôt de trente-cinq, dans lequel nos recherches sont heureusement circonscrites, et cet intervalle lui-même, nous savons parfaitement quels sont les mois et les quantièmes entre lesquels il doit être renfermé. Vous admettez, j'imagine, comme Villani, que les cardinaux, une fois d'accord sur le candidat à élire, ne s'amusèrent pas à prolonger l'ennui de leurs délibérations pour leur seul plaisir, et qu'ils firent au contraire sur-le-champ (*di presente*) la proclamation du nouveau pape. Cette proclamation ayant eu lieu le 5 juin 1305, veille de la Pentecôte, nous avons donc la date inférieure de l'intervalle des trente-cinq jours. Pour la date supérieure, qui est celle du compromis, cela va de soi-même, et nous sommes reportés à trente-cinq jours plus haut, par conséquent au 1er ou au 2 mai. La chose est d'une évidence mathématique. Partant de là, nous n'aurons pas à chercher longtemps la date de l'entrevue. Aux onze jours que le courrier, parti le 1er ou le 2 mai, employa pour venir à Paris, ajoutez-en six qui furent employés par le roi à faire le voyage de Saintonge, et mettons-en un ou deux qui durent être perdus en préparatifs, nous aurons dix-neuf à vingt jours, en d'autres termes, nous tomberons sur le 18 ou le 20 mai, époque nécessaire de la rencontre, heure de cette conjonction fatale qui jeta le monde chrétien hors de son orbite.

XVI

Cherchons donc, à l'aide du journal de Bertrand du Got, en quel lieu il se trouvait dans ces mémorables et sinistres journées. Hélas ! quand le nécessiteux archevêque se voyait réduit à chercher des moyens d'existence dans l'usage rigoureux de ses droits de visite, il était loin de prévoir que les actes dressés, dans un intérêt tout matériel, pour certifier les prestations qu'il avait reçues, serviraient, au bout de cinq à six siècles, à laver sa mémoire d'une odieuse et gratuite calomnie. Laissez-moi, Monsieur, placer ici deux mots sur la cause de cette visite et sur la situation personnelle de Bertrand du Got, entre les années 1300 et 1304. Ces détails, vous le verrez, ne sont point indifférents dans l'espèce.

Le siége de Bordeaux eût été un des plus opulents du royaume, sinon de la chrétienté, sans l'état continuel de guerre entre l'Angleterre et la France, et aussi sans la brutale cupidité des stewarts et autres préposés anglais qui ne s'arrêtaient point devant les immunités ecclésiastiques. Les domaines de l'archevêché se trouvant en majeure partie sur les limites de la Guienne propre, vers le Périgord et l'Agenois, par conséquent entre les deux royaumes, et sur ce que l'on aurait pu appeler, comme en Écosse, le territoire contesté, leur situation les exposait à de continuels dégâts. A chaque prise d'armes, à chaque conflit des agents des deux couronnes, ils étaient envahis, séquestrés, pillés tour à tour par les deux partis. Quand ce n'était pas la guerre qui en ôtait la jouissance à l'archevêque, c'était la simple volonté des employés du gouvernement qui, ne venant en Guienne, comme dans une colonie ou une possession exotique, que pour s'enrichir, avaient contracté l'habitude de s'en prendre aux biens d'Église, quand les autres ressources leur manquaient. Sur le moindre prétexte, sans prétexte même, ils saisissaient les redevances du prélat dans la ville et au dehors, occupaient ses châteaux, confisquaient ses péages, enlevaient ses récoltes, rançonnaient et dispersaient ses tenanciers. Jugez de l'état dans lequel, après six années de guerre acharnée entre la France et l'Angleterre, Bertrand du Got trouva ses domaines. Il n'avait pas de quoi vivre, et fut réduit d'abord à subsister d'emprunts. La riche abbaye de Sainte-Croix de Bordeaux, qui n'avait pas à souffrir des maux de la guerre, parce que ses revenus les plus considérables étaient assis sur des propriétés urbaines, lui fit littéralement l'aumône pendant la première année, et, de peur que sa charité ne fût considérée comme une prestation obligatoire, elle exigea que l'archevêque reconnût humblement, par acte notarié, que c'était bien un secours gratuit et volontaire qu'il avait reçu [1]. Cela

[1] L'acte signé des deux parties est inséré dans le *Gall. chr.*, t. II, *inst.*, col. 298. La détresse de Bertrand du Got y est exprimée aussi crûment que possible : « *Inevitabili necessitate compulsus, ab Abbate et conventu Sanctæ Crucis moderatum subsidium postulabat...* » Cette situation est attribuée, comme je l'ai

peut vous faire mieux apprécier l'importance des actes délivrés à Bertrand du Got par Philippe le Bel, et qui tendaient à reconstituer la mense archiépiscopale. Service d'ami, s'il en fut jamais. Mais, quand l'archevêque eut assez puisé dans la bourse d'autrui, il lui fallut essayer de vivre de son propre fonds, et ce fut l'occasion de la visite à laquelle nous devons le journal.

XVII

Cette visite commença deux mois avant la mort de Benoît XI, successeur de Boniface VIII, et lorsque rien ne pouvait faire prévoir la fin mystérieuse du pape régnant et la prochaine vacance du Saint-Siége. Le voyage pontifical de Bertrand du Got devait être long, car, outre son diocèse, la province ecclésiastique en comprenait cinq des plus vastes,

dit, à ce que les revenus de l'archevêché avaient été anéantis par la guerre : « *Fructus suæ sedis Archiepiscopalis qui propter guerrarum discrimina quasi ad nihilum redacti fuerant, nec alia bona sua sufficiebant ad onera debitorum, usurarum, sumptuum necessariorum, suorum et familiæ, reparationem locorum ecclesiæ guerrarum discrimine dirutorum* ... »

qui, démembrés depuis, en ont formé neuf: Agen, Condom, Saintes, Angoulême, Périgueux, Sarlat, Poitiers, Luçon, Maillezais. Parti de Bordeaux le 17 mai 1304, il traversa rapidement le diocèse d'Agen, dont un de ses oncles était évêque, et dans lequel il comptait beaucoup de parents et d'amis. Le 1er septembre, il entra dans celui de Périgueux, où il ne fit pas non plus long séjour, mais par des motifs tout contraires. C'était une contrée ingrate et sauvage, une population pauvre et indocile qui recevait mal les étrangers; on fermait brusquement à l'archevêque les portes des communautés et des églises. Enfin, le 11 décembre, il commença, par les abbayes de Nanteuil-en-Vallée et de Charroux, la visite de l'immense diocèse de Poitiers, dans lequel il séjourna six mois et d'où il ne devait sortir que souverain pontife.

C'est dans le diocèse de Poitiers que nous le trouverons à l'instant assigné pour l'entrevue; mais, en attendant, son itinéraire semble indiquer qu'il n'avait pas grand souci des cabales et des intrigues, vraies ou fausses, du conclave. Plus le moment fatal approche et plus on dirait qu'il cherche à s'isoler, à fuir toutes les communications, s'éloignant le plus qu'il peut de Poitiers et de Bordeaux, sans se rapprocher pour cela de Paris. Après avoir atteint Poitiers le 17 décembre, il avait tourné au nord et à l'ouest, mais n'était jamais descendu au-dessous de Luçon et s'était par conséquent tenu à vingt lieues, distance moyenne, de Saint-Jean-d'Angely. De la Saint-Jean d'hiver au Dimanche des Rameaux, 11 avril, il parcourait une partie des départements actuels de Maine-et-Loire, des Deux-Sèvres et de la Vendée. Il passe le jour de Pâques, 18 avril, dans l'abbaye, depuis évêché de Luçon, et, de ce point, il marche droit vers la côte, qu'il longe de prieuré en prieuré, d'abbaye en abbaye, passant par Moustiers-les-Maux-Faits, Saint-Michel en l'Herm, Talmont, Orbêtier, Olonne, Sallartène, Beauvoir-sur-Mer. Arrivé là, le 10 mai, en face de Noirmoutier, et à quelques lieues de Nantes, il avait atteint la limite la plus occidentale de sa province et devait nécessairement revenir sur ses pas, en tournant le dos à la mer. De Beauvoir, il se rend à Saint-Gervais, distant seulement de quelques kilomètres. Le 11 mai, il arrive à la Roche-sur-Yon (Napoléon-Vendée) ; le 12, il visite le prieuré de Fontaines; le 13, l'abbaye de Fontenaulx ; le 14, il était au prieuré de la Chaize-le-Vicomte, toujours dans la banlieue, ou peu s'en faut, de la Roche-sur-Yon : il s'y arrête le samedi 15 et le dimanche 16 mai, en faisant constater que c'est à ses propres coûts et dépens, et non par son droit de visite. Le 17, il achève la visite du prieuré, et, le mardi 18, il se rend à celui des Essarts, à 18 kilomètres de la Roche-sur-Yon. Le 19, il visite, tout auprès de là, le prieuré de Mouchamps; le 20, ceux de Segornay et de Puybéliard ; le 21 et le 22, ceux de Château-mur et de Treize-Vents. Le dimanche avant l'Ascension, 23 mai, il séjourne dans le prieuré de Saint-Jovin de Mauléon, s'arrête, le lundi 24, à Mallièvre, le 25, à Saint-Clément, le 26, à Saint-Cyprien, près Bressuire, le 27, à Bressuire ; le 28, et le 29, à Saint-Jacques-près-Thouars; le 30, à Parthenay... Mais, pardon, Monsieur, je ne m'apercevais pas, en suivant l'itinéraire de Bertrand du Got, que je dépassais de beaucoup l'intervalle marqué pour l'entrevue : nous voilà au 30 mai; il nous resterait à peine le temps de faire revenir le roi à Paris, et son courrier ne pourrait plus être rendu à Pérouse pour le 5 juin. C'est tout au plus s'il irait jusqu'à Lyon.

XVIII

Ainsi, dans tout le cours de sa vie pastorale, pas plus au mois de mai qu'au mois d'avril, pas plus en 1304 qu'en 1305, Bertrand du Got n'a séjourné à Saint-Jean-d'Angely, ni dans les environs. Et vous remarquerez, s'il vous plaît, que dans l'exercice commencé de son droit métropolitain il lui eût été fort difficile de s'y montrer, au moment où l'on prétend qu'il y était. Des cinq diocèses qu'il devait parcourir, Bertrand du Got avait visité d'abord celui d'Agen, puis celui de Périgueux, qui confinaient immédiatement au sien. De là, il s'était transporté dans le plus éloigné et le plus populeux, celui de Poitiers, montrant bien évidemment qu'il comptait revenir par les deux autres diocèses, celui d'Angoulême et celui de Saintes, dont la visite l'eût ramené à Bordeaux. Or l'abbaye de Saint-Jean-d'Angely appartenait au diocèse de Saintes. Le prélat, interrompant sa marche solennelle à travers celui de Poitiers, pouvait-il s'en arracher tout à coup par une brusque diversion, et entrer dans le territoire de Saintes où on ne l'attendait certainement pas, où sa visite n'était pas annoncée, et où son apparition, dans ces circonstances, eût provoqué tant de surprise et de commentaires? C'est seulement à son retour, et quand son élection était connue, qu'il traversa, en effet, la Saintonge pour revenir à Bordeaux, et qu'il put s'arrêter à Saint-Jean-d'Angely. Donc, si le journal n'a fait mention ni du voyage ni du séjour, c'est que ni le séjour ni le voyage n'ont eu lieu.

XIX

On aura la ressource de me répondre que j'oublie une objection aussi simple que grave : le secret et l'incognito dans lesquels la course aura dû être accomplie. Bertrand du Got n'a-t-il pas pu se dérober à son entourage et se rendre seul, ou à peu près, à Saint-Jean-d'Angely, de manière que son absence ne fût nullement remarquée ? A la bonne heure ; mais je craindrais fort, à mon tour, que ceux qui voudraient élever l'objection ne l'eussent pas même comprise. Du reste, la voici, toute développée, à l'usage de ceux qui jugeront pouvoir s'en servir. Bertrand du Got, partant de la Roche-sur-Yon, avait quelque chose comme quarante ou cinquante lieues à faire, aller et retour compris[1]. On m'accordera bien que, pour ce voyage et pour le temps consacré à la négociation, il aurait fallu cinq ou six jours, en mettant la chose au plus bas, vu que le service des

[1] Quelques écrivains ont désigné l'abbaye de Fontdouce, située juste à moitié chemin entre Saint-Jean-d'Angely et Saintes, comme le lieu précis de l'entrevue ; Bertrand du Got aurait eu dix ou quinze lieues de plus à faire.

relais de poste n'était pas alors très-bien organisé, comme chacun sait. Mais que deviendra la visite pendant cet intervalle ? Belle question ! l'archevêque aura naturellement substitué à sa place un Sosie quelconque qui jouera son rôle, pendant que les gens et les clercs de sa maison, ses gentilshommes, son promoteur, son notaire, jouant aussi la comédie et verbalisant en l'air, auront continué d'enregistrer, jour par jour, des visites qu'il n'avait pas faites, des messes qu'il n'avait pas dites, des sermons qu'il n'avait pas prêchés, des gîtes qu'il n'avait pas pris, des confirmations qu'il n'avait pas données, des ordinations qu'il n'avait pas conférées, et au besoin des médecines qu'il n'avait pas prises. Car les opérations de la visite ne sont suspendues ou enrayées à aucune date ; les mentions que je relate ici sont répétées tout du long, pour chaque relais, pour chaque couchée, sans laisser dans le journal ni lacunes, ni interruption, ni blancs à remplir. Rien n'était donc plus aisé, comme on voit, pour un archevêque en cours de visite, que de dissimuler une absence, et d'aller là où on ne savait pas qu'il fût, en laissant croire qu'il fût là où il n'était pas. Notons encore, Monsieur, que cette escapade aurait été effectuée sous les yeux d'un clergé jaloux et irrité, en face du plus implacable ennemi de Bertrand du Got, l'évêque de

Poitiers, le fameux Gautier de Bruges, qui n'avait pas craint, trois ans auparavant, de prendre le parti de l'archevêque de Bourges contre son propre métropolitain, dans la querelle de la primatie, et de lui refuser le titre de primat, d'un homme haineux et vindicatif qui, ayant bravé publiquement Bertrand du Got, devait épier toutes ses démarches, et chez lequel, à son tour, l'archevêque ne prolongeait sa visite, selon toute apparence, que pour se venger en l'humiliant [1]. Et néanmoins, le voyage en question n'eût été soupçonné de personne! amis et ennemis, tous se seraient imposé le silence ou concertés pour ne rien voir. Que dites-vous de l'argument ?

La véritable objection, s'il y en a une, n'est donc pas là. Serait-elle dans une variante tardive apportée à la version de Villani, et qui désigne pour lieu de l'entrevue les environs de Poitiers, et non plus ceux de Saint-Jean-d'Angely? Encore moins. A l'époque indiquée pour le rendez-vous, nous venons de voir que Bertrand du Got n'a pas quitté les envi-

[1] Voy. la Thaumassière, p. 316, et surtout l'excellente *Histoire du Berry*, de M. Raynal, maintenant avocat général à la Cour de cassation, l'un des ouvrages les mieux faits et les plus dignes de la science moderne qu'on ait encore publiés sur aucune des provinces de l'ancienne France. — Cf. *Gall. chr.*, t. II, col. 1187. Wading, *Ann.*, t. II, p. 49. Duchesne, *Vies des papes*, t. II, p. 233.

rons de la Roche-sur-Yon, qui ne sont pas ceux de Poitiers. D'ailleurs, la variante n'a été proposée que lorsqu'on se fut aperçu que Clément V n'avait pas quitté ce dernier diocèse avant son élection. La visite qu'il en avait faite était depuis longtemps, ainsi que je vous l'ai dit, de notoriété publique. Ses six biographes en avaient assez parlé.

XX

Mais, que le rendez-vous ait été Poitiers, la Roche-sur-Yon ou Saint-Jean-d'Angely, nous n'aurons pas, du moins, en ce qui concerne Philippe, à discuter sur le caractère de son voyage. Il vint au rendez-vous, dit Villani, en petite compagnie, et, comme nous savons que nul historien, nul chroniqueur, nul annaliste contemporain n'a soupçonné le voyage, nous devons considérer cette petite compagnie comme l'équivalent du déguisement le plus complet, de l'incognito le plus sévère et du secret le plus absolu. Sans compter que son itinéraire, presque aussi détaillé que celui de Bertrand du Got, et revêtu d'un caractère encore plus officiel, nous le montre pendant tout le mois de mai à cent cinquante ou deux cents lieues de

Saint-Jean-d'Angely. Par conséquent, ce mystère, que nous regardions comme si impraticable pour l'archevêque de Bordeaux, n'a été qu'un jeu pour le puissant roi de France. Pendant huit jours au moins, le chef d'un grand État a pu se dérober à sa cour, à ses ministres, à son peuple. Mais aussi, pour mieux les tromper, il avait laissé exprès derrière lui des lettres patentes qui devaient être successivement expédiées de ses résidences habituelles, soit autour de Paris, soit dans l'Ile-de-France et la Picardie, pour faire croire qu'il y était, tandis qu'il courait vers le Poitou : et c'est ainsi qu'il put aller et venir, en se moquant de ses contemporains et de la postérité. A moins que lui aussi n'ait eu un Sosie qui ait joué son rôle de roi ? Ce que je dis là résulte en effet des actes authentiques[1] qui établissent que le roi a réellement séjourné dans les environs de la capitale, ou dans les provinces voisines, pendant tout le mois de mai 1305. Dans les derniers jours d'avril, nous le voyons successivement au Plessis près Senlis, à Villers-Cotterets près Soissons, enfin à Paris, où il était encore le 3 mai. Du 3 au 18 de ce mois, les actes ne donnent pas l'indication des quantièmes, mais seu-

[1] Voy. le XXIe vol. des *Script. rer. gall.*, p. 445. — Cf. sur les résidences de Philippe le Bel, en diverses années, *Mém. de l'Acad. des inscript.* (ancienne série), t. XX, p. 300 et seqq.

lement des résidences, qui sont Germigny en Brie, Becoiseau, à l'entrée de la forêt de Crécy, et Châtres-sous-Montlhéry. Le 19, il datait de Poissy, le 25 de Cachant, et le 1er juin il était revenu à Poissy. Donc, s'il est positif que l'entrevue n'a pu avoir lieu que dans le mois de mai, et si c'est le 19 de ce mois au plus tôt que le roi aurait dû arriver à Saint-Jean-d'Angely, lui qui datait ce jour-là même de Poissy, il n'a pu effectuer sa course qu'en usant de tous les stratagèmes que j'ai supposés. Mais ce luxe même de précautions ne rend-il pas la chose plus incroyable, et n'est-il pas le premier argument à produire contre la vraisemblance du voyage?

XXI

Il ne resterait, à ceux qui voudraient douter encore, qu'une objection ou un scrupule. Ce serait la lacune de dates ou plutôt de quantièmes que j'ai signalée, entre le 3 et le 18 mai, pour les actes donnés à Germigny, à Becoiseau, à Châtres, bien qu'il soit irrécusable que les séjours du roi dans ces résidences doivent être rapportés à la première quinzaine de mai, les distances à parcourir s'opposant matériellement à ce que ces longs voyages puissent être intercalés entre les excursions faites à la fin du mois, à Poissy, à Cachant et encore à Poissy. Abstraction faite des documents qui sont là pour remplir l'intervalle du 5 au 18, on pourrait donc objecter que c'est ce moment que le roi a pris pour aller joindre l'archevêque là où il se trouvait alors, c'est-à-dire vers Talmont ou les Sables-d'Olonne, et être rentré à Poissy le 18. Ici, ce n'est pas moi qui répondrai à l'argument, c'est Villani. Si trente-cinq jours ont suffi au cardinal de Prato pour résoudre une question qui tenait le conclave en suspens depuis plus de neuf mois, et si le chroniqueur s'est attaché, à dessein, à mettre en relief la célérité de la négociation et l'imprévu du dénoûment, il est de toute évidence que les trente-cinq jours doivent être comptés, en rétrogradant, à partir de celui de la fin du conclave, c'est-à-dire du 5 juin. Ce calcul nous reporte, comme je vous l'ai déjà exposé, au 1er ou 2 mai, d'où il suit que l'entrevue ne peut, moralement ni matériellement, avoir précédé le 19 de ce mois. Si elle a eu lieu plus tôt, et que Philippe ait eu le temps de tout terminer avant le 15 ou le 16, de manière à pouvoir être revenu à Poissy le 19, il faut que la lettre du cardinal de Prato lui ait été remise au plus tard le 5 mai; d'où il résulte que le courrier qui l'apportait aurait dû partir le 22 ou le 23 avril. Que devient alors le calcul des trente-cinq jours? C'est quarante-cinq au moins qu'il faudrait dire. Mais, d'un autre côté, n'est-il pas évident aussi que la réponse du roi aurait dû arriver à Pérouse bien avant le 5, jour de la proclamation du pape? Les cardinaux, maîtres, depuis l'arrivée du courrier de Paris, de faire l'élection, auraient donc passé près de deux semaines à rester bénévolement enfermés dans le conclave, dans leur *cachot*, comme ils disaient eux-mêmes, et cela pour y continuer des luttes désormais sans but, malgré les menaces d'une populace furieuse? Des captifs qui étaient, comme ils l'ont avoué plus tard, si impatients de recouvrer leur liberté, ne se font pas à eux-mêmes de semblables plaisanteries. D'ailleurs, je le répète, ce serait là sortir du texte et des intentions de Villani, qui affirme que la proclamation eut lieu incontinent (*di presente, incontanente*) après la réponse du roi. Et qu'on ne dise pas que j'abuse des expressions dont il se sert, pour les tourner contre lui, en m'obstinant à les prendre au pied de la lettre. On se tromperait fort si l'on pensait que l'on peut impunément sacrifier ici les détails pour sauver le fond. Dans les questions de ce genre, et lorsque l'on doit juger sur la foi d'un témoin unique, les détails deviennent la substance même du fait, on ne peut en prendre ou en laisser à sa fantaisie, et, s'il y a preuve qu'ils sont erronés ou contradictoires, le fait qui ne se soutenait que par eux perd toute réalité.

XXII

Au reste, Monsieur, vous penserez probablement comme moi qu'il y a en faveur du roi de France un alibi moral plus évident encore et plus décisif que l'alibi matériel. Cette course aventureuse à la Jean de Paris, ces rendez-vous pareils à des scènes d'évocation ou de magie, cette conspiration contre Dieu et l'Église jurée sur l'Eucharistie, ces otages et ces sûretés donnés de part et d'autre pour un pacte infernal, tout cela n'est que du roman. Les Italiens, qui mesuraient les souverains étrangers sur la taille de leurs podestats municipaux, pouvaient seuls attribuer à l'austère et orgueilleux Philippe un semblable personnage, et croire qu'il eût traversé deux fois son royaume sous un déguisement qui trompa tous les regards, sans que les comptes de sa maison, l'indication de ses résidences, les chroniques de son règne, les paroles ou les mémoires de ses serviteurs, autorisassent le moindre soupçon d'une pareille éclipse de la personne royale. On m'objectera que le secret fut trop bien gardé pour qu'il en transpirât rien. Certes, ce n'est pas moi qui en doute : au contraire, j'écris uniquement pour prouver que le secret dure encore. Mais enfin, dirai-je à mon tour, il faut bien que quelqu'un ait parlé puisque Villani a tout su : et pourquoi lui seul, s'il vous plaît ? S'il y a eu des indiscrets, et il y en a eu, comment toutes leurs confidences sont-elles venues aboutir à l'oreille d'un seul homme ? Je vous l'ai dit, Monsieur, ceci est un produit exotique. C'est une fable imaginée par les rancunes italiennes, qui voulaient prendre leur revanche de l'élection de Pérouse et de la translation du Saint-Siége.

XXIII

Toutefois je ne m'étonnerais pas d'être arrêté ici par les sourires et les dénégations de ceux pour qui l'autorité de Villani est sacrée, et qui n'ont jamais douté, Sismondi, par exemple, que le fameux banquier-diplomate ait pu savoir ce que, dans son temps, tout le monde ignorait. C'est, diront-*ils*, parce qu'il était lui, Giovanni Villani, et non pas un autre, qu'il a pu être si bien informé et faire jaser les plus taciturnes.

A cette dédaigneuse fin de non-recevoir, je répliquerais par un mot bien cru, mais mûrement réfléchi : c'est que l'éminent chroniqueur sur la parole duquel ont juré tant de générations d'historiens a souvent battu la campagne dans son récit du règne de Philippe le Bel, et j'en vais donner la preuve. J'aurais même dû la donner plus tôt, si j'avais été meilleur avocat, car, en commençant ma discussion par là et en établissant d'abord que Villani avait manifestement ignoré ou travesti les faits les plus notoires, les plus incontestés de l'histoire générale et de l'histoire de France pendant les premières années du quatorzième siècle, j'aurais singulièrement avancé la réfutation du conte de l'entrevue. Puisque j'ai négligé de poser cette question préjudicielle, qu'elle me serve à compléter et à résumer les arguments que j'ai produits jusqu'ici, d'autant plus qu'elle s'y rattache directement.

XXIV

Au rapport de tous les historiens, Philippe le Bel a fait deux voyages à Poitiers pour conférer avec Clément V[1]. Le premier est du mois de mai de l'an 1307, où le nouveau pape vit arriver autour de lui la plupart des souverains ou leurs ambassadeurs. Ce fut comme un congrès du monde chrétien, à la suite duquel éclata la soudaine catastrophe des Templiers. Le second voyage est de l'année 1308, et cette fois Clément V aurait bien voulu échapper à l'entrevue. Philippe ne venait que pour l'entretenir des intérêts de sa politique ou de ceux de sa famille, particulièrement de l'élection de son frère Charles de Valois, ou Charles-sans-Terre, au trône impérial. Il séjourna à Poitiers depuis le 11 juin jusqu'au 20 juillet 1308. Ce sont là des dates authentiques, des faits irréductibles. Villani les a-t-il connus, et en a-t-il donné une narration

[1] Il n'est pas nécessaire d'indiquer les autorités pour un fait aussi notoire; il suffit de consulter les six biographies de Clément V dans Baluze, l'*Histoire ecclésiastique* de Fleury ou la première *Histoire de France* venue.

fidèle ou raisonnable? Non; et, dans les erreurs qu'il entasse, il dénature à plaisir les événements du dedans et ceux du dehors. Ne vous effarouchez pas, Monsieur, de l'irrévérence de mes paroles. Voyez plutôt.

Dans Villani, le roi de France s'abouche bien aussi deux fois avec Clément V; mais la première entrevue a lieu en 1305, lorsque le pontife n'était encore que Bertrand du Got, et elle a pour théâtre Saint-Jean-d'Angely. La seconde a lieu en 1307, et elle correspond au voyage que Philippe fit réellement cette année dans le Poitou, à celui qui, pour tout le monde, est le premier qu'il y ait fait. Quant au voyage de 1308, Villani le mentionne-t-il? Pas le moins du monde; il s'en est même si peu douté, qu'il raconte que, cette année-là, Philippe aurait voulu avoir une conférence avec le pape, et qu'il se disposait à aller le trouver, où? à AVIGNON, pour le décider à agir en faveur de son frère; mais alors, dit-il, l'habile cardinal de Prato, déjouant les trames de Philippe, réussit à prévenir et à empêcher le voyage en conseillant au pape de faire accélérer l'élection[1]. Le comte de Luxembourg

[1] « Nel detto anno 1308, essendo morto il Re Alberto d'Alamagna... il Re scoperse suo intendimento e lungo desiderio che havea havuto di fare eleggiere alla Chiesa di Roma a Re de' Romani messer Carlo di Valois suo fratello..... Fù il Re molto confortato da' suo

ayant été précipitamment élevé à l'empire, grâce aux efforts de Clément V, la visite de Philippe le Bel à *Avignon* devint inutile, et le pape fut tiré d'embarras[1]. Cela est formel, et, si nous n'eussions connu les événements que par Villani, nous serions bien obligés d'admettre :

1° Que Philippe le Bel n'a fait qu'un seul voyage à Poitiers pendant le pontificat de Clément V;

2° Que la cour romaine était établie à Avignon dès le mois de mai 1308, bien qu'elle n'y ait été transférée que dix mois plus tard, en mars 1309;

3° Que la vacance du trône impérial, par suite du meurtre d'Albert d'Autriche, assassiné le 1er

consiglieri..... E per lo Re e messer Carlo con forza de' Baroni e cavalieri s' andasse a Corte a *Vignone* al papa, inanzi che li Alamanni facessero altra elezione..... E cio ordinato commando a' Baroni e cavalieri che si apparecchiassero di cavalli e d' arme a fare compagnia al Re per ire a Corte a *Vignone*.... » G. Villani, t. VIII, c. CI. — On ne peut rien imaginer de plus formel que ce texte, ni, par conséquent, de plus contraire à la vérité.

[1] Mansi, dans ses notes sur Raynaldi (édition de Lucques), t. IV, p. 448, avait déjà relevé l'erreur de Villani relative au voyage que le roi de France aurait voulu faire à Avignon, en 1308, lorsqu'il est constant que Clément V n'arriva dans cette ville, pour la première fois, que vers la fin de février ou au commencement de mars 1309. Il avait passé dans la Guienne et le Languedoc une partie de l'automne et tout l'hiver de l'année précédente. — Cf. Fleury, t. XIX, p. 153, Raynaldi *ad Ann.* 1309; — sur la durée du séjour de Clément V à Poitiers ou dans le Bordelais, Ptolémée de Lucques et autres, dans Baluze.

mai 1308, est postérieure à la translation du Saint-Siége à Avignon, laquelle ne fut effectuée qu'un an plus tard;

4° Que le roi de France et le souverain pontife, pendant l'année 1308, seraient restés sans se voir et séparés par toute la largeur du royaume, tandis qu'ils passèrent près de deux mois en face l'un de l'autre, n'ayant qu'à traverser la Loire pour se rencontrer, puisque le premier séjourna une partie de l'été à Tours, où il avait convoqué une sorte d'états du royaume, circonstance complétement ignorée de Villani, et que le second résidait dans le même temps à Poitiers, où il attendit et reçut, non sans terreur, comme en 1307, la visite du roi;

5° Que l'élection de Henri de Luxembourg fut le résultat d'une surprise faite à Philippe [1] et d'un escamotage opéré par le pape de concert avec la diète,

[1] Selon Villani, l. IX, c. I, ce fut le cardinal de Prato lui-même qui choisit Henri de Luxembourg comme le candidat le plus convenable pour l'empire, et qui le désigna à Clément V. Cf. Alb. Mussat., *Hist. aug.*, col. 240, ap. Muratori, *Script. rer. ital.*, dans la note sur la rubrique IV. — L'année précédente, le cardinal de Prato avait essayé d'entraver encore Philippe, relativement à l'affaire des Templiers, en suggérant au pape l'idée de la porter devant le concile qui fut indiqué pour Vienne, et qui s'y tint, en effet, en 1311. Il est vrai que, dans l'intervalle, Philippe arracha au pape l'ordre de poursuivre les membres de l'ordre, et le concile n'eut qu'à prononcer une suppression déjà matériellement effectuée.

tandis qu'il s'écoula plus de cinq mois depuis le moment où Philippe en entretint Clément V (11 juin 1308) jusqu'à celui où elle fut accomplie (15 novembre 1308).

6° Que Clément V contraria par tous les moyens l'élection de Charles de Valois, tandis qu'il l'avait recommandé chaudement à la diète, et s'était prononcé nettement en sa faveur[1].

Autant de mots, autant d'erreurs, et cependant voilà comment l'on eût écrit l'histoire, sur la foi de l'annaliste le plus grave et le plus accrédité du quatorzième siècle.

XXV

Et, faites-y bien attention, Monsieur, ces erreurs sont sans excuse. Villani n'avait pas à traiter là d'événements obscurs, comme l'entrevue de Saint-Jean-d'Angely : il s'agissait de circonstances connues de tout le monde, de faits passés en plein soleil et devant ses propres yeux, tels que les mouvements de la cour de France, la translation du Saint-Siége,

[1] Cf. Baluze, *op. cit.*, t. II, p. 119. — Raynaldi, *ad Ann.* 1308 (t. IV, p. 449), surtout la note de Mansi.

date si importante pour un Italien, l'élection de l'empereur Henri VII. Il n'avait pas non plus besoin de s'en rapporter à des mémoires ou à des annales plus ou moins fautives. Il n'avait qu'à interroger le premier venu et à ouvrir les oreilles. Un homme de son âge (il avait trente ans en 1305) devait déjà avoir appris à démêler le vrai du faux, et à n'accorder sa confiance qu'à des rapports sérieux. S'il s'est trompé sur des événements que mille témoins avaient vus et pouvaient lui faire connaître, que penserons-nous de ceux qui n'en avaient pas eu un seul, et qu'il avait été réduit à deviner? Ces fautes, qui ne s'excusent pas, s'expliqueraient peut-être par l'époque à laquelle Villani, déjà septuagénaire, ou à peu près, dut commencer à coordonner et à rédiger ses souvenirs. Sa mémoire ou ses notes purent l'égarer bien souvent. Mais elles s'expliquent surtout par le parti pris d'attribuer à Philippe seul l'élection de Clément V. En effet, la plupart des inadvertances et des anachronismes que je viens de relever tiennent à une seule et même cause et sont subordonnés à une seule et même donnée, le fait apocryphe du pacte de Saint-Jean-d'Angely. Villani paraît s'être souvenu que Philippe n'avait fait que deux voyages dans l'ouest de la France, et il ne lui en impute en effet que deux. Mais, obligé d'avancer la date du premier de deux ans, afin de le reporter à une époque antérieure à l'avénement de Clément V, c'est-à-dire à 1305, il a dû regarder celui de 1307 comme le second, et biffer de ses notes celui de 1308, qui aurait fait double emploi, et qui, à quelque trente ou quarante ans de distance, ne lui parut sans doute qu'une erreur de date. Réciproquement, l'entrevue ayant besoin d'un motif, il accepta, sur des bruits sans fondement, la fable de l'inimitié du roi et de l'archevêque, la nécessité de rendre aux Colonna, persécutés pour la France, leurs biens et leurs honneurs; enfin, comme il fallait, pour mener toute l'intrigue, une forte tête et un habile homme, le cardinal de Prato, qui passait pour l'avoir été, fut sacrifié à cet infâme rôle.

XXVI

Une dernière observation, ou plutôt un dernier argument, avant de terminer cette partie de ma lettre. Si nous avions, par hasard, quelques fragments de la correspondance échangée entre le roi de France et Clément V au moment même de l'élection, dans ces premières heures d'épanchement et de mutuelle confiance, où la joie devait déborder de part et d'autre et trahir les précédentes connivences, c'est là, sans aucun doute, que nous pourrions prendre les coupables en flagrant délit. On connaît précisément une lettre de cette époque, lettre écrite par Clément V à Philippe le Bel, trois mois environ après son élection, et un mois avant son couronnement. Qu'y découvre-t-on? De la contrainte des deux côtés, au travers des protestations les plus amicales, mais pas l'ombre d'un compromis. Par ce mot de compromis toutefois, entendons-nous. La lettre parle bien de négociations secrètes,de matières confidentiellement traitées entre les deux puissances; mais c'était vraisemblablement de ces affaires d'État comme il y en eut toujours entre souverains, et comme il devait y en avoir tant à cette époque, entre la France et le Saint-Siége. Voici d'ailleurs le document :

« Clément, etc. Quand et comment l'omnipotence de la Divinité, qui dépasse les mérites et les espérances de chacun, a élevé notre humilité, dans le temps qu'elle régissait l'Église de Bordeaux, à la prééminence de la dignité apostolique, nous nous rappelons pleinement l'avoir notifié par nos lettres à Votre Altesse Royale, et c'est, d'après le rapport que quelques-uns nous ont fait, ce que vous auriez vivement souhaité que nous fissions aussi, par rapport à la solennité du consentement que nous avons donné à notre élection, et des autres actes qui en ont été la conséquence. Mais nous tenons à ce que Votre Royale Majesté sache que, si nous avons négligé de le faire, c'est que nous avions alors auprès de nous vos deux députés, l'archevêque de Narbonne et Pierre de Latilly, qui ont été présents à tout, et qui pouvaient en informer Votre Majesté, comme de l'intention où nous étions de prévenir Votre Majesté de l'époque où nous comptions, avec l'aide de Dieu, recevoir notre solennel couronnement. Que Votre Altesse Royale ne prenne donc pas en mauvaise part les omissions qui ont pu être commises à ce sujet. C'est le xi des calendes d'août (20 juillet) que, malgré notre répugnance et cédant à des instances réitérées, nous avons donné notre consentement authentique et public à ladite élection. Quant à certains articles que nous avions ensuite traités avec vos ambassadeurs, et qui ne devaient être divulgués ni par vous ni par eux, attendu la demande que vous nous faites de pouvoir en communiquer avec trois ou quatre autres personnes, au-delà du nombre que nous avions fixé, nous consentons bien volontiers à ce que vous en traitiez avec trois ou quatre, ou même un plus grand nombre de personnes, au delà du nombre susdit, selon qu'il paraîtra utile à votre royale circonspection, car nous avons la certitude que vous ne les révélerez qu'à ceux que vous savez être également jaloux de votre honneur et du nôtre.... Donné, etc., les ides d'octobre (15 octobre 1305) [1]. »

Pour des juges impartiaux, n'y a-t-il pas là une négation complète de l'entrevue et de ses conditions? Comment concilier le langage et la conduite de Clément V avec la négociation de Saint-Jean-d'Angely? A moins que le roi et lui n'eussent voulu jouer, par correspondance, une comédie d'autant plus inutile qu'elle n'avait pour but de tromper personne. Quoi! Philippe aurait pu être dans l'incertitude au sujet de l'acceptation du souverain pontificat par Bertrand du Got après que celui-ci l'avait acheté d'avance et qu'il ne lui restait plus qu'à le recevoir? Quoi! Clément V dirait à Philippe qu'il ne l'a accepté qu'avec répugnance et comme forcé par ceux qui l'entouraient, lui qui avait vendu son âme pour l'obtenir? Où trouver d'ailleurs, dans ces rapports, la trace des procédés que Clément V aurait nécessairement employés, si des engagements indissolubles l'avaient fatalement lié aux volontés du roi? Pour les négociations secrètes auxquelles la lettre fait allusion, il n'y a pas moyen de les rapporter aux promesses de Saint-Jean-d'Angely. Celles-ci étaient toutes personnelles, et elles

[1] Baluze, *Vitæ PP. Aven.*, t. II, p. 62.

devaient rester, comme le voulait le plus simple bon sens, entre le roi et le pape. Les affaires dont il s'agit ont au contraire été entamées par les envoyés de Philippe, qui, pour mieux s'éclairer, demande à pouvoir en communiquer avec plusieurs membres de son conseil, faculté que Clément V lui accorde sans hésiter. Il est évident, je le reconnais, que ces affaires touchaient personnellement au pape par un côté quelconque, puisqu'il laisse entendre que son honneur y était aussi intéressé que celui du roi. Mais qu'est-ce que cela prouve? On connaît la valeur du mot honneur dans le latin officiel de l'époque. C'est un terme qui flotte entre les sens divers d'intérêt, de considération ou de responsabilité, et dont l'on ne pourrait conclure qu'une chose, c'est que le succès de la négociation dépendait de la discrétion qui y serait apportée de part et d'autre. Et quelle affaire diplomatique n'est dans ce cas? Il faut convenir que, si le traité de Saint-Jean-d'Angely eût été réel, s'il y avait eu entre les deux correspondants ces effusions racontées par Villani, la lune de miel de leur intimité avait été bien courte. Ils en étaient déjà aux défiances, aux plaintes réciproques, et Clément se conduisait envers Philippe comme s'il n'avait nullement à le ménager et à le craindre. On n'est pas plus ingrat et plus léger. Mais j'allais oublier la meilleure des raisons. On a vu que Clément laissait le roi libre de communiquer à qui il voudrait un secret qui était déjà connu de quatre ou cinq personnes au moins. Le moyen de croire qu'il s'agît là des affaires de Saint-Jean-d'Angely, et que, confiées à tant de monde, elles n'eussent jamais été divulguées?

XXVII

Je n'examinerai pas si les fautes de Villani furent volontaires, ou plutôt je ne crois pas qu'elles l'aient été. Villani a pu être trompé par ses souvenirs, comme il a pu s'en rapporter à des témoignages mensongers dont il n'avait nul moyen de vérifier le caractère. Mais certainement il a trop écouté, sans le croire peut-être, ses préventions italiennes, et il s'est laissé dominer par un patriotisme aveugle, lorsqu'il s'est fait le parrain et l'éditeur d'un ignoble chapitre de la chronique scandaleuse de son époque. On a beau être un esprit supérieur, on paye toujours son tribut aux erreurs contemporaines, et je veux penser que dans tout ce récit Villani s'est borné à être le complaisant écho des légendes répandues en Italie, pendant le quatorzième siècle, sur le pontificat de Clément V. Qui n'a été frappé de l'étrange caractère de cette période de fiévreuses hallucinations, le siècle du massacre des Juifs, qui étaient censés empoisonner les rivières, le siècle des envoûtements par les sorciers, des apparitions, des maléfices, des crimes, et aussi des fables de toutes sortes? Que ne croyait-on pas alors, et que n'aurait-on pas cru? La légende s'était emparée de Clément V, une légende incroyable comme son élévation, sinistre et mystérieuse comme tout ce qui appartient à ce siècle. Elle le prenait la veille de son avénement, et ne le quittait qu'à sa mort. C'est d'abord ce pacte ténébreux de Saint-Jean-d'Angely, dans lequel un roi tentateur lui fait vendre son âme au diable. C'est ensuite l'effrayante scène des Franciscains de Poitiers, lorsque Clément, tenant à s'assurer si Gautier de Bruges, déposé par lui, l'avait cité en mourant devant le tribunal de Dieu, par une cédule qu'il avait voulu emporter avec lui dans son cercueil, donna ordre de désensevelir le mort, et vit en effet la cédule, qu'il tenta vainement d'arracher. On promit alors au cadavre, comme s'il avait pu entendre, de la lui restituer après l'avoir lue, et aussitôt les doigts crispés se détendent, et la main s'ouvre, pour se refermer ensuite sur le parchemin quand on le lui eût rendu[1]. C'est la légende qui,

[1] Les Franciscains avaient fait à Gautier de Bruges, leur ancien

interprétant de la façon la plus bizarre la protestation de 1302, dont je vous ai parlé, changea cette démarche, si nécessaire et si simple, en une scène violente et inattendue, préparée pour braver le roi, à la suite de laquelle le prélat, craignant sans doute d'avoir eu trop de courage, se hâta de quitter la France dans l'équipage d'un soldat, et courut à travers les monts jusqu'à Asti, où il se cacha dans le couvent des Frères prêcheurs, jusqu'à ce qu'il pût être conduit à Rome en habit de dominicain [1]. C'est encore la légende qui fait découvrir, sur l'une des portes de Bordeaux, le jour de l'entrée solennelle de Clément V, une inscription antique restée ignorée ou illisible pendant mille ans, et qui, devenue

général, une grande réputation de sainteté. Il s'opérait, disait-on, des miracles sur sa tombe. Un des derniers historiens de l'Église, l'abbé Rohrbacher, n'a pas cru pouvoir se dispenser d'ajouter foi à des faits garantis par des autorités qui lui semblaient respectables. Il faut cependant observer que les Franciscains, chez lesquels tout s'est passé, étaient des témoins un peu trop intéressés dans la question, et que tous les écrivains de cet ordre se sont efforcés de noircir Clément V. Cf. Rohrbacher, t. XIX, p. 501. — S. Antonin., archiep., Florent. *Summa hist.*, part. III. — Trithem., *De Scriptor. Eccles. liber.* — Wadding, l'annaliste des frères mineurs, déjà cité. — Pap. Masson, *Notitia Episcopatuum Galliæ.* — Sponde, *Annal. ad ann.* 1306. — De Thou, *Historia*, etc., t. V, c. CXXXI. — Le continuateur de Nangis, à l'année 1306, etc.

[1] Sur l'histoire de la fuite de Bertrand, voy. Pippin, *Bolon. chronic.*, ap Muratori, *Script. rer.*, etc., t. IX, p. 738-40.

tout à coup fraîche et brillante, laisse lire un distique latin qui prédisait la gloire de Clément V et celle de sa patrie, devenue la seconde Rome[1]. C'est toujours la légende qui prétend qu'il envoya un messager en enfer pour avoir des nouvelles de l'âme d'un de ses neveux, et qu'il eut par là, avant sa mort, une révélation anticipée des tourments auxquels il était destiné[2]. C'est la légende qui le fait assigner au tribunal de Dieu par le grand maître

[1] « .... Erat autem in principali porta civitatis prophetia hæc scripta, in duobus versibus, aureis litteris et latinis, sed per pulverem incedentium fuerant obfuscati ita ut non apparerent nisi hæ duæ dictiones.... *Altera Roma.* Verum constituta ibi Curia, viri civitatis, deducto pulvere, invenerunt sic scriptum :

Dic tu qui transis et portæ limina tangis
Altera Roma vale, nomen geris imperiale.

Scribebantur autem ibi hi versus ante mille annos. » (Matth. Westmon.)

[2] « .... Essendo morto uno suo nepote cardinale cui elli molto amava, costrinse uno grande maestro di nigromanzia che sapesse che fosse dell' anima del nepote. Il detto maestro, fatta sua arte, uno capellano del Papa molto sicuro fece portare alle Demonia allo inferno, e mostratogli visibilmente uno palazzo, dentrovi uno letto di fuoco ardente, nel quale era l'anima del detto suo nepote morto, dicendoli che per la sua simonia era cosi giudicato. E vide nella visione, fatto un altro palazzo allo incontro, il quale li fù detto si facea per papa Clemente. E cosi repportò il detto capellano al Papa, il quale mai puoi non fu allegro.:..» G. Villani, l. IX, c. LVIII. — Cela peut donner une idée de la sagacité et du sens historique du grand chroniqueur florentin. On voit qu'il était pour le moins de son siècle, comme je le dis.

Molay, dans le terme de quarante jours; c'est elle enfin qui nous a transmis le souvenir de ses galanteries et de ses vers amoureux, en nous le représentant comme un homme d'armes déguisé en clerc, un véritable colosse de force physique et d'impureté[1]. Et n'est-ce pas aussi à la légende, mais cette fois à une légende bouffonne, qu'il faut faire honneur d'une version également répandue en Italie, et d'après laquelle Clément V n'aurait été élevé au pontificat que parce que les cardinaux le croyaient mort? Sur une fausse nouvelle, semée exprès dans

[1] Cf., sur les mœurs de Clément V, Martin. Minorit., ap. Eccard, t. I, col. 633 (*Flores temporum*). — Villani : « Questo fue huomo molto cupido di moneta, e simoniaco.... che tenea per amica la contessa di Palagorgo (Périgord) bellissima donna.... » D'après une tradition, que je crois sans fondement, Bertrand du Got aurait été l'un des derniers poëtes de la brillante école des Troubadours. On donne comme de lui les vers suivants :

> Sès pu poulido qué lou jour,
> La neou n'ès pas pu blanco,
> Per travessa lou riou d'amour
> Ne bourrici pas d'autra palanqua;

« Vous êtes brillante comme le jour, la neige n'est pas plus blanche; pour traverser le ruisseau d'amour, je ne voudrais pas d'autre nacelle. » *Palanqua*, en gascon, signifiait *planche* et *bateau*. Je répète que rien ne garantit l'attribution à Bertrand du Got de ces quatre vers. Voy., pour les caractères physiques, le portrait traditionnel de Clément V, dans A. Duchesne, t. II, p. 230. — Son cercueil, disent les chroniqueurs, était gigantesque. Cf. Papire Masson, t. VI. « Cadaver admodum procerum, ac longum fere pedes octo. »

le conclave, ils se seraient hâtés de le nommer, afin de se procurer par cette élection dérisoire le moyen de sortir de prison, et sauf à faire plus tard un pape réel et vivant. De telle façon que, lorsqu'ils reçurent l'avis de son acceptation et l'ordre de venir le couronner en France, ils crurent à un sortilége et s'imaginaient avoir affaire à un revenant[1]. Vous croyez peu à tout cela, Monsieur, et moi aussi. Tout cela néanmoins se trouve dans les différentes vies du pontife ou dans les chroniques de son temps. C'est le tableau complet d'où Villani a détaché le fantastique épisode de l'entrevue, pour son plaisir, à lui, et pour l'instruction de ses lecteurs.

[1] « ... Con tal fraude ascese al Pontificato. Erano in conclave rinchiusi i cardinali, i quali non accordandosi vi stetteroassai. Onde un di loro instrusse un huomo sagace e astuto il quale simulasse venir di Francia con lettere per le quali si nonciava com'era morto il cardinale vescovo di Burdella. Queste lettere furono lette ad alcuni cardinali, i quali intendendo la morte di costui, gli parve haver trovata la via di riuscir del conclave, e doppo far nuova prattica. Il perchè elessero quello, credendosi esser morto, e cosi uscirono fuora. Onde il vivo cardinale rimase Papa, e intendendo della elettion subito mando per i cardinali che andassero a lui in Francia. Onde ubbidiendo loro al Pontefice, si trovarono a Lione di Burdigalia. Ove poi si tenne la corte Papale e con gran danno de' christiani. » Bernardino Corio, *Historia di Milano*, etc. (Padoa, 1646, p. 323.)

XXVIII

Mais, vous le savez, Villani a été apprécié dès longtemps, sous ce rapport même, par les Italiens. Sa prédilection pour les anecdotes, la curiosité avec laquelle il cherche de petites causes aux grands événements et s'applique à regarder le dessous des cartes, même lorsque les cartes n'en ont aucun, tout cela ressort à la lecture de sa chronique et a été relevé par les véritables érudits[1]. D'autres contemporains, aussi mal disposés que lui pour la France et pour les papes d'Avignon, mais moins jaloux de paraître savoir ce que tout le monde ignorait, ont bien pu connaître aussi les rumeurs qui circulaient autour d'eux; mais ils ont eu le bon goût de n'admettre que celles qui s'appuyaient sur un certain caractère de vraisemblance. Et ces ru-

[1] C'est là évidemment la manie ou la faiblesse de Villani, et il ne montre dans le soin avec lequel il recueille les bruits de ville et les rumeurs populaires ni critique ni jugement. Voy. les observations de Henri Leo sur les prétendus stratagèmes qui auraient amené la fameuse défaite des Florentins à Montaperti, auprès de l'Arbia, et auxquels Dante croyait aussi (*Inf.*, XXXII). Malavolti les conteste absolument. — Cf. Muratori, *Script.*, etc., t. XV.

meurs, remarquez-le bien, sont comme la fable de Corio, autant de démentis donnés à la version de Villani. Ainsi Ferreti, de Vicence, qui écrivait en 1330, prétend, lui, que ce ne fut pas Bertrand du Got que Philippe acheta, mais les cardinaux eux-mêmes, le conclave tout entier, et qu'il leur fit passer de l'argent pour qu'ils donnassent leurs voix à Clément V[1]. D'après cette version, le roi, du moins, aurait fait son marché de la première main, et, loin qu'il eût vu avant l'élection un ennemi dans Bertrand du Got, c'est lui qui l'aurait présenté au conclave comme son partisan et sa créature. C'est dans la catégorie de ceux qui pensaient comme Vincenzo Ferreti que nous devons ranger la grande autorité de l'époque, l'incomparable créateur de la poésie italienne, Dante lui-même. Qui n'a lu les vers infamants qu'il a consacrés au malheureux Clément V? Au milieu du cercle des simoniaques, il retrouve Nicolas III (Orsini), à demi plongé, la tête en bas, dans le puits ardent, et

[1] « Burdigalensem episcopum, de gente Vascona, id auro regio donisque maximis exhortantibus.... in apostolorum sede plurium consensu papam decernunt. » Ferreti Vicent. *Chron.* — L'expression *plurium consensu* (la majorité), de la part d'un contemporain, vient ici à l'encontre du prétendu compromis, et confirme la sincérité de l'acte d'élection, où il n'est question que de dix voix sur quinze votants.

qui croit reconnaître, dans la voix du poëte, celle de Boniface, encore vivant, mais destiné à le remplacer dans la même posture, pendant que lui achèvera de glisser à travers les flammes jusqu'au fond de l'abîme. Annonçant à Dante que Clément V, à son tour, remplacera Boniface : « Après lui, dit Nicolas, viendra des parties de l'Occident, par une voie plus sale encore, le pasteur sans loi, celui qui sera digne de nous recouvrir tous deux. On verra en lui un nouveau Jason, tel que celui dont il est parlé aux Macchabées; et la même bonté que Jason trouva en son prince, puisse celui-ci la rencontrer dans le roi qui gouverne la France[1] ! » Ailleurs la flétrissure n'est pas moins brûlante, et c'est de la bouche même de saint Pierre qu'elle est censée tomber, mais, cette fois, elle ne s'applique plus à Clément seul : « Celui qui usurpe en terre ma propre place, oui, ma place, laquelle n'en reste pas moins vide en présence

[1] . . . Che dopo lui verrà di più laid' opra,
Di ver ponente, un pastor senza legge
Tal che convien che lui e me ricopra.
Nuovo Jason sarà, di cui si legge
Ne' Maccabei ; e come a quel fu molle
Suo re, così fia a lui chi Francia regge.

Dante, *Inf.*, XIX, v. 82.

Cf. Macchab., II, 4, 8. — Flav. Josephi, *Antiq. Jud.*, XII, c. vi. Josèphe n'attribue aucune simonie à Jésus, dit Jason, qui fut nommé grand sacrificateur, puis destitué, par Antiochus Épiphane.

du Fils de Dieu, celui-là a fait de mon tombeau un cloaque de sang et de pus... Et ils s'apprêtent à boire de notre sang, du sang divin, ces Cahorsins et ces Gascons! O bon Principe, à quelle infâme chute étais-tu réservé[1]! » Le vague même de ces terribles imprécations atteste que Dante n'en savait pas plus que les autres sur les vraies causes de l'avénement de Clément V. Ce n'est pas lui qui aurait reculé devant le mot propre, devant la précision et la crudité des détails, s'il avait été mieux instruit. La candeur hautaine avec laquelle il arrache tous les masques lui aurait certainement fait trouver dans l'énergique familiarité de son idiome quelque vive allégorie ou quelque image plus propre à caractériser le drame de l'entrevue que cette banale comparaison avec le grand prêtre d'Antiochus, dont l'histoire, après tout, est assez obscure. Je ne reconnais pas là les allures du vieux Gibelin, toutes les fois qu'il peut faire l'autopsie de quelque grand coupable, ou dévoiler, ne fût-ce que par une expression qui luit et brûle en passant, comme l'étincelle échappée de la forge, quelque grand méfait contemporain. En comparant les récits de Villani, de Ferreti, de Corio, de Dante et des autres contemporains, nous surprenons la légende italienne à ses premiers débuts,

[1] Dante, *Parad.*, XXVII.

nous assistons à son incubation. Elle flotte de rumeurs en rumeurs, elle hésite d'une explication à l'autre, en attendant que Villani ait l'honneur de lui donner sa dernière forme et d'y ajouter des ailes.

XXIX

Arrivé à ce point de la discussion, et débarrassé des fictions accumulées par Villani, je m'imagine entendre les questions qui ne manqueraient pas de m'être faites, si quelqu'un se trouvait en tiers dans ce moment avec nous, ou si, par hasard, cette lettre venait à tomber en d'autres mains que les vôtres. Il y a, en effet, de fort honnêtes gens, et en grand nombre, qui ne peuvent souffrir qu'on dérange rien à l'effectif de leurs connaissances, et qui, par horreur du vide, je suppose, ne veulent pas qu'on démeuble leur esprit d'un fait ou d'une idée, à moins qu'on n'ait un équivalent tout prêt à mettre à la place. Erreur ou vérité, peu importe, ils ne se résignent pas à ne voir plus rien là où ils avaient l'habitude de voir quelque chose. C'est comme un arbre qu'on aurait coupé dans leur avenue ou un cadre qu'on aurait décroché de leur salon. Ceux-là me demanderaient donc ce que je leur donnerai pour qu'ils renoncent à l'opinion reçue, et quelle idée ils devront se faire maintenant des motifs et des intrigues qui amenèrent l'élection, si improbable en apparence, de Bertrand du Got. J'aurais bien envie de leur répondre que je n'en sais véritablement rien, et que cette ignorance ne m'afflige ni ne m'humilie. Il y a tant d'autres secrets, et de bien plus essentiels, qui nous échapperont toujours. Cependant je crois pouvoir assurer deux choses; c'est d'abord qu'il n'y eut dans le conclave, en ce qui concerne Bertrand du Got, d'intrigues d'aucune espèce, comme le prouvent, d'une part, le silence de la grande majorité des auteurs contemporains [1], et, de l'autre, les inconciliables

[1] Ils disent à peu près tous comme Bernard de Guy (Guidonis), auteur contemporain et l'un des biographes de Clément V : « Cum cardinales pro electione summi pontificis in Perusio inclusi stetissent mensibus XI et artati, divisi inter partes æquales... tandem versus Occidentem dirigentes contuitum in istum Burdigalensem Archiepiscopum oculos erexerunt.... » A Ferreti et Bernard, qui écrivaient au moment même de l'élection, Mansi ajoute un autre contemporain que j'ai cité tout à l'heure, le frère Pippin de Bologne, puis Martinus Minorita, Thierry de Niem, Joannes Vitoduranus (de Winterthur), André de Ratisbonne, Martin de Fulde; ces quatre derniers sont compris, comme Amalric d'Augier, dans la collection d'Eccard (*Scriptores medii ævi*, t. I). Mansi aurait pu y joindre Jean de Saint-Victor, Hermann Corner, qui vivait en 1400, et qui ne dit pas un mot de la prétendue simonie (ap. Eccard., t. II.

variations de ceux qui en parlent : c'est ensuite que, dès l'ouverture même des opérations de cette assemblée, l'élection d'un pape français, non pas expressément d'origine, mais de sentiment et de politique, était un résultat convenu et infaillible. Commençons par cette dernière assertion qui pourrait sembler plus invraisemblable encore que l'autre, accoutumés que nous sommes à croire, d'après Villani, qu'il y eut au contraire dans le sacré collége lutte perpétuelle entre les partisans de Boniface et les partisans de Philippe. Non, ce n'est pas à cette lutte que tint la lenteur des opérations du conclave : la majorité était acquise à la France même avant le premier scrutin : mais il s'agissait de savoir laquelle l'emporterait, pour le choix de la personne du pape, de la faction des Colonna ou de celle des Orsini, toutes deux dévouées à la France, quoiqu'une partie de la dernière, par haine pour les Colonna, se fût ralliée au neveu et aux créatures de Boniface.

col. 966), Trithème, Matthieu de Westminster, et une infinité d'autres. Cf. Mansi, ap. Rayn., *ad ann.* 1305.

XXX

Ceci, Monsieur, résulte des faits mêmes, et vous en aurez tout à l'heure la preuve. Je n'ai pas besoin, je pense, de remettre sous vos yeux les antécédents de ces deux célèbres familles qui, rivalisant déjà depuis des siècles et servant de drapeau dans Rome, l'une, les Colonna, aux Gibelins, l'autre, les Orsini, aux Guelfes, voulaient chacune s'approprier exclusivement la tiare pontificale et peut-être aussi le patrimoine de saint Pierre. Vainqueurs un moment avec Nicolas III, leur parent [1], les Orsini n'avaient pas craint d'entrer en lutte avec la maison d'Anjou et de faire ôter à Charles Ier, de Naples, la sénatorerie de Rome [2]. Mais, sous les successeurs de Nicolas III, ils s'étaient rapprochés

[1] Le pontificat de Nicolas III fut court (1276-1281), mais assez énergique. Il aurait été, selon quelques historiens, le premier pape, après Innocent IV, qui ait laissé entrevoir des idées de népotisme et d'agrandissement pour sa famille. Cf. Villani, c. CXVIII. — Rayn., *ad ann.* 1276. — A. Duchesne, t. II, p. 211; — Affò, *Storia di Parma*, t. III, p. 88.

[2] On connaît la dure réponse de Dante à Nicolas :

Però ti sta, che tu sei ben punito.

de la France, et n'avaient pas tardé à rentrer en grâce auprès du roi de Naples. D'un autre côté, les Colonna, que l'Empire ne pouvait plus protéger ou couvrir, et que Boniface avait poursuivis à outrance comme Gibelins, comme séditieux et comme voleurs, s'étaient vus contraints de chercher un asile aux pieds du roi de France dont l'amitié leur avait été immédiatement acquise, à titre d'ennemis du pape, et ils brillaient à sa cour. Situation nouvelle et bizarre, vous en conviendrez pour ces implacables antagonistes qui, mis de nouveau aux prises par l'ouverture du conclave, ne pouvaient s'y combattre que sous le même drapeau, je veux dire, en rivalisant de zèle vrai ou simulé pour la France, tandis que la fraction des Orsini, qui s'était réunie aux créatures de Boniface, avait constitué une sorte de tiers parti représenté, sans aucun doute, par les cinq cardinaux qui restèrent neutres jusqu'au dernier moment. Ainsi, tandis que la lutte était entre les Orsini et les Colonna, mais seulement en tant que question d'influence, non d'opinion ou de politique, le tiers parti, désintéressé dans le débat, gardait une attitude expectante, et de là vint sans doute l'impossibilité

E guarda ben la mal tolta moneta,
Ch' esser ti fece contra Carlo ardito.

Dante, *Inf.*, XIX

d'amener une solution, les trois sections entre lesquelles se partageait le conclave étant exactement d'égale force.

Je regarde donc comme invraisemblable et comme inadmissible l'hypothèse de Villani, qui place le débat entre l'intérêt français d'une part, et l'intérêt italien de l'autre. Sur ces données-là, le combat n'eût pas duré longtemps. Dans la situation très-réelle où je place les partis, il devait durer jusqu'à ce que l'un des membres du conclave, Nicolas de Prato, si l'on veut, ou tout autre, eût fait consentir neuf de ses collègues à choisir non pas seulement en dehors du sacré collége, ce qui n'eût fait que reproduire la difficulté sous d'autres noms, mais encore à choisir un prélat *non Italien*, c'est-à-dire ni Orsini ni Colonna. Qui ne voit que pour le parti de Boniface, pour les Guatani, accepter de pareilles conditions, dans le cas où ils auraient pu compter réellement sur la moitié du conclave, c'était abdiquer? Aussi mon opinion est-elle qu'ils ne furent dans le cas ni de les proposer ni de les recevoir. Ils n'étaient pas assez forts pour cela. Qu'eût importé, en effet, qu'on leur laissât, comme le dit Villani, le choix des candidats? Où pouvaient-ils avoir l'espérance de trouver, hors de l'Italie, un pape qui continuât la politique de Boniface, pour le seul plaisir de mettre le feu aux quatre coins de l'Europe et de ruiner l'Église?

XXXI

Le conclave, auprès duquel étaient accrédités des agents de Philippe, qui résidèrent à Pérouse pendant toute la durée des opérations, ne délibéra donc jamais pour savoir s'il nommerait un pontife qui suivît les errements de Boniface, au risque de demeurer sans appui et sans influence au dedans et au dehors, ou s'il montrerait par son choix qu'il voulait rétablir la bonne entente avec la France, et qu'il le voulait à tout prix. Au point où les choses en étaient venues, et dans la situation respective du Saint-Siége et de la France, la division n'était plus possible sur ce terrain. La paix ou le schisme, telle était l'alternative que le caractère et les actes de Philippe le Bel avaient nettement posée, et le conclave, qui n'avait pas, que nous sachions, intérêt au schisme, ne pouvait porter ses vues que sur un homme décidé à répudier solennellement la politique de Boniface. J'ai peu de mérite, Monsieur, je me hâte de vous le dire, à expliquer ainsi les dispositions du conclave, du moins celles de la majorité qui l'emporta dans son sein. Je prends mon thème tout fait dans une lettre de Napoleone Orsini, celui-là même que Villani donne pour lieutenant au cardinal de Prato dans la direction du parti français. Cette lettre, écrite à Philippe le Bel après la mort de Clément V, au sujet des violences par lesquelles la famille et les créatures du défunt pape voulaient imposer au conclave le choix de son successeur, est précieuse à plus d'un titre. C'est une longue et amère récrimination contre les actes et la personne de Clément V, en même temps qu'une apologie de la conduite tenue dans le conclave de Carpentras par les cardinaux du parti italien dont Orsini était le chef. Si quelqu'un avait dû laisser échapper le secret de l'élection passée à propos de l'élection présente, c'était assurément Orsini, surtout lorsqu'il écrivait à Philippe le Bel, à celui à qui l'on pouvait et l'on devait tout dire, et qu'il lui écrivait pour lui rappeler comment Bertrand du Got avait été nommé et comment il s'était conduit. Je vais traduire exactement la lettre, en ne laissant de côté que quelques détails indifférents, relatifs à l'administration intérieure de Clément V, et devenus d'ailleurs peu intelligibles dans la détestable copie de la Bibliothèque impériale [1].

[1] Mss. Colbert, n° 4091, A. Cf. Baluze, *Op. cit.*, t. II, p. 289.

« ... C'est la décevante expérience des événements passés qui nous a servi de règle dans la prévision de l'avenir, à moi et à ceux de mes collègues qui nous étions trouvés ensemble dans la précédente réclusion (le conclave de Pérouse)[1]. Nous nous souvenions, en effet, que nous avions été renfermés onze mois dans la prison de Pérouse [2], où Dieu seul a pu voir parmi quels dangers de corps et quelles angoisses de cœur nous avons travaillé [3]. J'abandonnai ma famille, selon mon habitude, afin que je pusse avoir un pape français [4], parce que je désirais le bien du roi et du royaume, et que j'espérais que celui qui déférerait aux intentions du roi gouvernerait sagement Rome et la chrétienté et réformerait l'Église. Et c'est pour cela qu'après avoir pris toutes les précautions possibles nous élûmes le défunt pape, persuadés que nous avions fait le plus magnifique présent au roi et au

[1] « ... Experientia dolosa præteritorum eventuum mihi et sociis reverendis patribus DD. cardinalibus, qui in alia clausura fuimus, magistra facta est futurorum... »

[2] Il y a bien, dans le manuscrit, le chiffre XI, quoique Baluze ait lu VI et ait écrit *sex*.

[3] « ... In quo Deus solus novit cum quantis periculis corporis et sollicitudinibus cordis extitit laboratum... » Id., *ibid*.

[4] « ... Reliqui domum meam solito... » Cela ne s'applique probablement pas à son déplacement matériel, mais à sa séparation du reste de la faction Orsini.

royaume[1]. Mais, ô douleur! nos chants se tournèrent bientôt en sanglots, car il ne sut rien faire ni pour le roi ni pour le royaume. Sous lui et par lui Rome entière a été désolée : le siége de saint Pierre, ou plutôt de Notre-Seigneur Jésus-Christ, a été renversé, et le patrimoine de l'Église a été pillé, bouleversé, par les administrateurs qu'on lui donnait plus que par les ravages des brigands. L'Italie entière, comme tout le reste, a été l'objet de l'indifférence. Je ne parlerai pas des vingt-quatre cardinaux qu'il a introduits dans l'Église... Mais nous, les Italiens, qui l'avions élu parce que nous le jugions digne, nous avons été repoussés et dédaignés comme la vaisselle d'argile. Quelles mortelles douleurs n'avons-nous pas ressenties, nous témoins de ces énormités, et moi surtout, moi auquel mes amis, ceux qui vivent encore comme ceux qui sont morts, venaient montrer les blessures saignantes de leurs cœurs, parce que c'était moi qui leur avais procuré ce fléau[2]! Et au milieu de ces aiguillons de douleur, au travers de cette mort du corps et de l'âme, je n'avais d'autre consolation que la pensée qu'en le faisant élire je m'étais promis trois choses

[1] « ... Et quoniam cum multis cautelis quibus potuimus, hunc qui decessit elegimus... » Id., *ibid.*

[2] « ... O quos dolores mortis sustinuimus ista videntes, et maximè ego, qui amicorum vivorum et defunctorum cordis punc-

qui me semblaient n'en faire qu'une : le bien de Dieu, celui du roi et celui du royaume. Aussi ai-je la confiance que la miséricorde de Dieu viendra à mon aide à la dernière heure de compassion... Oui, s'il avait pu accomplir toutes ses volontés, il aurait fini par se perdre lui-même, il aurait abîmé l'Église. Pour sûr, mon seigneur, il n'a jamais été et il n'est pas dans mes intentions de déplacer le siége pontifical, en laissant déserts Rome et les sanctuaires des Apôtres, parce que dans les fondements mêmes de la foi Rome a été établie comme le siége de l'Église universelle. Aussi, quand le précédent pontife a été mandé devant le tribunal de Dieu, nous, les cardinaux italiens, ayant Dieu devant nos yeux, nous avons voulu choisir un pontife plus jaloux de la foi et du salut des âmes qu'avide d'argent, et qui, outre les mérites nécessaires, se montrât par la sainteté de sa vie le digne vicaire du Christ, qui fût l'ami du roi et du royaume, qui poursuivît de cœur, et non par de trompeuses paroles, l'œuvre de la guerre sainte à laquelle le roi s'est voué..... C'est pour cela que, dès le principe, nous avions désigné et que nous désignons encore un cardinal d'une excellente renommée, d'une conscience droite, à ce qu'il nous

ctiones quasi juges recipi *quod eis fecerim istud malum...* » Id., *ibid.*

semble, d'une science éminente, exercé par le maniement de beaucoup d'affaires, approuvé dans tout ce qu'il a fait jusqu'ici par le clergé et par les fidèles ; un homme, enfin, qui appartient au royaume et qui veut le bien du roi [1]...

« Rencontrant de leur part une telle résistance, nous avons été stupéfaits et nous n'avons pu nous en expliquer la cause, à moins que quelques-uns des parents du défunt n'aient conçu l'espérance de perpétuer ses abus. C'est là, je le dis, au nom de ce Dieu qui a racheté l'Église catholique et qui l'a fondée dans Rome, c'est là ce qui leur sera impossible, en face de nous, en face du roi, en face de ce peuple chrétien qui a déjà les yeux ouverts sur tout ce qui s'est passé [2]. Et nous ne pouvons croire que tout ce qui a été dit ou écrit à ce sujet soit sorti de l'esprit du roi ; car c'est à vous, notre seigneur, c'est à moi votre serviteur dévoué, c'est à tous les autres cardinaux italiens qui avions élu le défunt pape, uniquement en vue de vous, que tous les

[1] Le candidat dont parle ici Napoleone était Guillaume de Mandagot, d'abord archevêque d'Embrun, puis d'Aix, élevé au cardinalat par Clément V, et sur lequel on peut consulter Fr. Duchesne, *Histoire des cardinaux français*, t. I, p. 377. — *Gall. chr.*, t. I, col. 319, et t. III, col. 1082. — Baluze, *loc. cit.*, p. 666, etc.

[2] « ... Viventibus Domino nostro rege et nobis et populo christiano qui multum aperuit oculos ad prædicta... »

maux dont je parle sont attribués [1]. Il nous importe donc d'autant plus d'agir envers les églises de Dieu et envers le monde, de manière que, cette fois, la chrétienté possède un pape qui se montre par ses œuvres le vicaire du Christ. J'adjure Votre Altesse Royale et j'implore avec confiance sa religion, au nom de l'effusion du sang de Jésus-Christ, pour qu'elle seconde nos vues et qu'elle travaille avec nous à l'élection d'un véritable vicaire du Christ, au lieu de détourner nos pas vers ceux qui cherchent non point ce qui est du Christ, mais ce qui leur est personnel...... »

Ce n'est pas l'abandon qui manque à cette lettre, c'est encore moins cet accent d'une conscience émue qui, joint à une profession de respectueux dévouement, ne permet pas d'en soupçonner la parfaite sincérité. Vous prendrez garde que j'en ai fait ressortir à dessein les termes et les passages les plus compromettants, ceux au travers desquels une critique défiante ou prévenue pourrait avoir le plus de chances de démêler le genre et la part d'intervention du roi dans l'élection de Clément V. On en conclura aisément que Napoleone était dévoué au roi de France, chose dont on

[1] « ... Nam vobis Domino nostro et mihi devoto vestro et cæteris Dominis Italicis, qui solo intuitu regio defunctum eleginius, præmissa adscribuntur mala... »

n'avait jamais douté. On jugera peut-être aussi que ce dévouement ne se concilierait pas très-bien avec les idées que nous nous faisons aujourd'hui des devoirs d'un prince de l'Église. Mais on n'y verra jamais la preuve ou l'indice d'une intervention personnelle de Philippe dans un marché ou dans une négociation relative au candidat préféré par le conclave. N'est-il pas évident au contraire que cette lettre contredit formellement la version de Villani, en effaçant de toute manière le cardinal de Prato et en reportant sur Orsini seul une élection dont il se repent, *ego... quod eis fecerim istud malum?* Elle efface de même le roi de France, en disant positivement que le conclave seul avait pris, relativement au candidat, des précautions, ou, si l'on veut à toute force, des garanties, *multis cautelis quibus potuimus.* Quelles précautions, quelles garanties? C'est ce que nous ignorerons toujours. Mais est-ce dans ces termes que Napoleone aurait parlé à Philippe le Bel si le roi de France eût acheté d'avance ou désigné impérativement le candidat? La lettre n'aurait plus été qu'un long et pitoyable sous-entendu, dont Philippe n'aurait pu que rire, et il aurait trouvé sans doute le cardinal bien impertinent de vouloir prendre sur lui une responsabilité qui ne lui appartenait point. En confiant au roi ses griefs contre Clément V, Napoleone n'aurait pas dit, *le pontife que nous avions élu*, mais bien le pontife *que vous nous aviez donné*. Et même, avec cette correction, ses plaintes n'eussent pas été plus sensées. Ce n'était pas envers les cardinaux, ce n'était pas envers les Italiens, ce n'était pas envers l'Église, toutes choses dont il s'occupe dans sa lettre, que Bertrand du Got avait été mis dans le cas de contracter des engagements. C'était envers le roi de France, et pas d'autre. S'il les avait tenus, le roi devait être content : que lui importait ce que le pape avait pu faire, autre part, de bien ou de mal, pourvu qu'il eût gardé sa parole envers lui ? C'est au contraire parce que Napoleone savait le roi étranger à l'événement qu'il le prenait pour confident de ses douleurs et de ses regrets, n'imputant qu'à ses collègues et à lui un choix déplorable, et sommant le roi de France d'employer sa haute intervention pour que les scandales du nouveau conclave n'amenassent pas un choix pire encore. Et puis, Monsieur, faites attention aux sentiments de vraie religion et de sainte croyance qui respirent dans cette lettre : faites attention surtout à cette condamnation de la simonie reprochée par toute la chrétienté à Clément V, ou plutôt à son détestable entourage. Un homme capable de vendre la papauté aurait-il conservé une foi si vive, ou oserait il, après l'avoir vendue, dénoncer et flétrir des fautes bien plus pardonnables que la sienne? De quel front interpellerait-il le roi de France, au nom de l'effusion du sang du Christ, lui qui aurait, comme un autre Judas, livré celui qu'il appelle le vicaire du Christ aux Scribes et aux Pharisiens de son temps ?

XXXII

Pour moi, si je voulais absolument tirer des paroles du correspondant de Philippe ce qu'il n'avait probablement pas l'intention d'y mettre, je leur ferais signifier que c'étaient les meneurs du conclave, non le roi de France, qui avaient négocié et fait leurs conditions avec Bertrand du Got, *multis cautelis quibus potuimus*. Mon explication, du moins, sans trop forcer le sens littéral des termes, aurait le mérite de les faire cadrer avec la situation et avec les personnes. Je n'aurais plus, j'en conviens, qu'une petite chose à démontrer, c'est que le fait en lui-même est vrai. Dans tous les cas, cette hypothèse étant inconciliable avec celle d'un traité exclusif et privé entre Bertrand du Got et Philippe le Bel, il n'en demeurerait que mieux établi qu'il faut commencer par ne pas croire à l'entrevue, et que toute l'histoire de l'achat de la tiare par Clément V est une confusion ou un mensonge.

XXXIII

Mais personne ne s'est vendu, personne n'a acheté qui que ce soit. Nous venons de voir quelles étaient les dispositions de la majorité du conclave, dispositions dont l'effet ne fut si lent à se formuler que par suite des rivalités des Italiens, ou plutôt des Romains entre eux. A tous les points de vue, le parti qu'ils prirent de s'exclure eux-mêmes ne devrait que leur faire honneur; il aurait pu être regardé, si on l'avait pris plus tôt, comme l'expression d'une haute et sage politique, comme le résultat d'une nécessité bien comprise, et de l'appréciation la plus intelligente du temps et des personnes. Pour la plupart des écrivains contemporains ou venus peu après, l'élection de Bertrand du Got ne paraissait entachée d'aucune fraude. Tout au plus y voyaient-ils une combinaison de hasard et le résultat inattendu de la jalousie et du dépit réciproques des pères du conclave, qui, ayant ambitionné tous la papauté, sans pouvoir l'atteindre, prirent le premier venu, après avoir usé de représailles les uns envers les autres, par l'exclusion générale qu'ils se donnèrent[1]. Le choix de Bertrand du Got ne parut à beaucoup qu'un expédient de circonstance, un vrai pis aller; aussi la déconsidération qui, dès le premier moment, dut s'attacher à lui par l'effet de ce préjugé n'a fait que s'accroître dans le moyen âge et dans les temps modernes, grâce à la haine et aux calomnies des Italiens.

Mais, Monsieur, ne croyez pas davantage que ce choix ait été l'effet du hasard ni que l'archevêque de Bordeaux ait été préféré uniquement par la raison qu'il n'était pas du sacré collége. Quant à l'avoir été, comme l'affirme Villani, pour les turpitudes de sa vie et de son caractère, et parce qu'on ne chercha en lui autre chose que le prélat ambitieux et vénal, on comprend que c'est ce qu'il faut croire encore moins: ce sont là de ces suppositions contre lesquelles l'instinct du sens moral se révolte, et vous

[1] Voy. Amalric d'Augier et Bernard Guidonis, déjà mentionnés, dans Eccard et dans Baluze. « Cardinales Romani dum ad invicem dissentirent, super electione apostolica, tandem aspicientes a longe, injecerunt mentis aciem ultra Alpes, ad Archiepiscopum Burdigalensem Bertrannum de Angous, ipsum in summum pontificem, die Pentecostes, unanimiter elegerunt, et Clemens V vocatur. » Matth. Westmon., *Flores Histor.*

savez qu'il y a ici d'autres motifs d'incrédulité. Du reste, il serait facile de montrer combien ce choix devait paraître à tous le plus heureux et le plus utile qui pût être fait.

XXXIV

Je rappellerai d'abord une chose que nos historiens semblent avoir oubliée ou désapprise. C'est que Bertrand du Got n'était pas le premier-venu. Au point de vue tout mondain de l'origine et des alliances, et dans un temps où l'une des gloires de l'Église était précisément de pouvoir placer à la tête du monde chrétien le fils de l'artisan ou du prolétaire [1], peu de souverains pontifes, excepté les Fiesque, les Orsini, les Segni, appartenaient à une meilleure maison [2]. Admis, comme Grégoire X, comme Boniface lui-même, dans le chapitre aristocratique de Lyon, après d'excellentes études faites à Orléans et à Bologne, puis chapelain du

[1] « .. Sut citans de pulvere inopem esde stercore erigens pauperem... » verset chanté à l'intronisation des souverains pontifes.

[2] « Fuit ergo Clemens ortus ex prima nobilitate, ut omnes omnino scriptores consentiunt... » Baluze, *Op. cit.*, t. I, p. 616.

pape, enfin évêque, il portait un nom qui venait d'acquérir une véritable illustration dans l'Église par les mérites et les services de son frère Béraud[1], ancien archevêque de Lyon, mort, quelques années auparavant, cardinal-évêque d'Albano et l'un des membres les plus importants du sacré collége. Béraud avait été le collègue et l'ami de ceux qui devaient maintenant procéder à l'élection, et qui tous connaissaient intimement l'archevêque de Bordeaux. Un des oncles de Bertrand était depuis longtemps évêque d'Agen, comme nous l'avons déjà dit. Lui-même avait été employé par la cour de Rome, et il avait fait preuve de zèle et de capacité dans des négociations difficiles entre la France et l'Angleterre. Ceux même qui auraient pu se défier d'un candidat exclusivement français et dévoué par conséquent à Philippe avaient, pour se rassurer, sa qualité de sujet de deux rois, puisque, né dans la Guienne et feudataire d'Édouard, il devait autant à l'Angleterre qu'à la France. C'était vraiment là un gage de sécurité pour l'avenir du Saint-Siége, le nouveau pape pouvant, dans l'occasion, opposer à l'ascendant de Philippe le Bel celui d'É-

[1] Cf., sur Béraud du Got, Ciaconius, qui l'appelle Berardus de Bloco, *Vitæ PP. Rom.* — Fr. Duchesne, t. I, p. 321, et t. II, p. 245, 247. — Ce fut Béraud qui négocia la première trêve entre Philippe le Bel et Édouard Ier, pendant la guerre de Guienne.

douard Ier, qui était vénéré alors comme le Nestor des souverains, et dont la brillante carrière, commencée sous les murs de Saint-Jean-d'Acre, s'était héroïquement continuée par la conquête du pays de Galles, la soumission de l'Écosse et les derniers secours envoyés aux chrétiens de la Terre-Sainte. On devait s'attendre, de la part des deux rois, à une émulation d'égards et de déférences envers le pape, et tels furent, en effet, les débuts du nouveau pontificat. Malheureusement la mort du grand Édouard et la lâcheté de son ignoble successeur livrèrent Bertrand du Got, dès la seconde année de son règne, à l'impérieux et avide égoïsme de Philippe le Bel. Dès lors il n'y eut plus de contre-poids, et l'équilibre fut rompu. Mais n'importe, il n'en demeure pas moins avéré que, de tous les candidats étrangers au sacré collége, Bertrand du Got était celui qui devait le plus attirer l'attention et appeler la confiance.

XXXV

Aujourd'hui, Monsieur, que nous jugeons le passé du haut de notre expérience, et que nous embrassons rétrospectivement d'un seul coup d'œil les faits qui ne se sont déroulés, dans le temps, que lentement et un à un, aujourd'hui qu'il nous est, en quelque sorte, permis de lire couramment là où les contemporains pouvaient tout au plus épeler, nous nous étonnons que le conclave soit allé chercher un pape au fond de la Gascogne, pour faire de la papauté la vassale du roi de France, et, n'imaginant pas que nul n'ait prévu alors des dangers qui nous paraissent, à nous, si évidents, nous croyons volontiers qu'il y a là-dessous, sinon un crime, du moins quelque douloureux mystère. Cette fatale réunion de circonstances qui marquent, par l'avénement d'un pape français, le déclin de l'autorité spirituelle et qui commencent pour l'Église la triste période à laquelle un de nos écrivains, un recteur de l'Université de Paris, a, le premier, donné le nom de captivité de Babylone, nous semble trop en dehors du cours régulier des choses pour ne l'attribuer pas à quelque audacieuse et puissante combinaison [1]. Rien de plus faux néanmoins, sous quelque face que l'on envisage

[1] Le mot, si je ne me trompe, est de Genebrard, le savant ligueur que tout le monde connaît. « Hæc Sedis Apostolicæ translatio valde fœdavit Ecclesiam… dum pontifices hujus transmigrationis *plus quam Babylonicæ*… patriæ et principibus impie favere gestiunt. Gen., *Chronol.*, l. IV, p. 665.

les faits. Pardonnons, je le veux bien, à l'Italie du moyen âge, veuve du Saint-Siége et déshéritée de sa suprématie, d'avoir recouru à la fable des fameuses conditions, pour expliquer l'élection d'un pape français, le séjour de la cour pontificale à Avignon, l'invasion du sacré collége par les étrangers. Il n'y a pas si longtemps que les annalistes de l'Église, j'entends les annalistes officiels, abordant cette terrible question, disaient encore avec amertume : « Il faut bien qu'il y ait eu quelque infâme traité entre Philippe et le saint Père, pour qu'on s'explique tant de complaisances de la part de celui-ci[1]. » Mais nous ne devrions, je crois, nous associer que médiocrement à ces lamentations. Les Italiens ne savaient trop ce qu'ils disaient au moyen âge, et j'ai grand'-peur que nous ne le sachions guère mieux aujourd'hui, pour notre compte.

[1] « ... Certe turpis alicujus fœderis inter Clementem et regem initi, suspicionem injicit illud effusum, postea, in Philippum studium.... » Raynald., t. IV, p. 393, ad ann. 1305.

XXXVI

Et d'abord, Monsieur, si nous regardons à l'indépendance politique du Saint-Siége, pensez-vous que ce soit Bertrand du Got qui l'ait vendue ou compromise, et les Italiens d'autrefois, ou ceux d'aujourd'hui, voudraient-ils nous faire croire qu'il en eût trouvé beaucoup plus sur les bords du Tibre qu'il n'en trouva sur cette « rive sinistre qui se baigne dans le Rhône, là où il se mêle à la Sorgue [1]? » Mais le vieux Dante lui-même, malgré ses imprécations contre les Cahorsins et les Gascons, qu'il poursuit dans ce monde et dans l'autre, savait pourtant combien était long le bras des rois de France, lui qui maudissait la fatale plante issue de Hugues Capet, cette royale pariétaire dont la végétation parasite rampait sur tous les trônes chrétiens [2]. Où donc, en effet, les papes auraient-ils pu

[1] Quella sinistra ripa, che si lava,
Di Rodano, poich' e misto con Sorga.
Dante, *Parad.*, IX.

[2] Io fui radice della mala pianta, etc.
Dante, *Purg.*, XX.

se trouver à l'abri de la pression de la France, lorsque les sergents du parlement de Paris allaient les décréter au sein de l'Italie, et les appréhender au corps sur leur trône pontifical? L'influence française les débordait de toutes parts, elle les enfermait jusqu'à les étouffer entre ses trois rameaux de France, de Naples, de Hongrie, et, comme le Caton d'Addison, qui n'entrevoyait la délivrance que dans l'éternité, ils auraient pu dire dans leur détresse morale : « Ce monde-ci est à César. »

XXXVII

Dans tous les cas, Monsieur, la lettre de Napoleone atteste que cette dépendance, loin d'inspirer aucune inquiétude au conclave, était désirée comme un bienfait. La majorité du conclave n'eut qu'un but, qui était précisément de mettre le Saint-Siége, non pas dans la main, mais sous la tutelle du roi de France. Vous l'avez entendu, pour cette majorité, le meilleur pontife, le meilleur organe et le meilleur défenseur de l'Église devait être celui qui s'identifierait le plus étroitement avec la politique française, et qui servirait le mieux le roi et le royaume. Cette profession de foi, si explicite et si naïve en quelque sorte, a beau nous étonner, et c'est bien vainement que l'on chercherait à l'attribuer à la vénalité, à la corruption, car il n'y a pas, dans toute cette lettre de Napoleone, si vive et si amère, une seule syllabe qui autorise une telle calomnie. Le fait est que le conclave agissait dans sa pleine liberté, comme dans sa pleine conviction, et que, lorsqu'il nomma un pape français, il fit volontairement ce qu'il crut lui être commandé à la fois par la nécessité du moment, par l'intérêt du Saint-Siége et par le bien de la chrétienté.

Pourquoi donc ne l'aurait-il pas nommé? Si nous voulons nous dépouiller un instant de la triste habitude de juger le passé avec nos idées actuelles, ou plutôt de le refaire d'après nos théories, nous nous souviendrons premièrement qu'il n'était alors ni de principe ni d'usage que le pape fût pris exclusivement parmi les Italiens. Chaque nation avait à son tour fourni des vicaires au Christ et des successeurs à saint Pierre, comme autrefois des empereurs à Rome : le souverain pontificat était accessible à tous les membres du corps de l'Église; tout chrétien y avait droit en naissant. Dans le demi-siècle qui venait de s'écouler, quatre Français, dont le dernier ne remontait guère qu'à vingt ans, étaient parvenus à cette dictature européenne, et leur gouvernement n'avait soulevé ni question de nationalité ni réclamation quelconque. On peut même dire qu'ils comptent parmi ceux qui ont le mieux accompli leur tâche et porté le plus dignement « ce manteau si lourd pour qui veut le préserver de la boue[1]. » Je n'y comprends point Clément IV, qui leur est antérieur, et dont les Italiens eux-mêmes ont fait un héros et un saint.

XXXVIII

Mais il y avait plus et mieux que cela. N'était-ce pas à ces papes français que l'Italie avait dû son émancipation définitive? N'était-ce pas à eux qu'avait été réservé l'honneur, je l'entends ici au point de vue italien, de terminer la vieille lutte du sacerdoce et de l'empire, et de consacrer, après deux siècles de cruelles vicissitudes, l'indépendance de la péninsule[2]? Se tournant vers leur patrie, ils n'a-

[1] ....Come
Pesa 'l gran manto a chi da 'l fango 'l guarda,
Che piume sembran tutte l'altre cose.

Dante, *Purg.*, c. XIX.

[2] Voy. l'histoire des pontificats d'Urbain IV (1261-1284), Clément IV (1265-1268), Innocent IV (1276-1276) et Martin IV

vaient eu qu'un signe à faire, et l'épée de la France avait tranché la querelle par la victoire de Grandella et par la mort, hélas! si injuste, du dernier Hohenstaufen, cet agneau qui avait été mené à la boucherie[1].

Ce qui était vraiment inexplicable, c'est que la France, après de tels services, après de telles garanties, eût pourtant risqué, sous Boniface VIII, de se voir mise au ban des nations et déclarée indigne du nom chrétien, de manière que l'avénement d'un Français à la papauté, en de telles conjonctures, ait pu paraître un acte imprudent ou inouï. Dans notre temps de réhabilitations paradoxales et de tours de force philosophiques, la conduite de Boniface, que je ne juge ici que comme souverain et comme homme d'État, a trouvé des défenseurs qui ont pris chaudement son parti contre Philippe le Bel. Je n'examine point si les procédés, de part et d'autre, n'auraient pas pu être plus prudents et plus convenables. Mais je soutiens que Boniface VIII avait

(1281-1285). Il n'est pas besoin de rappeler que ce fut sous le pontificat de Clément IV que s'accomplit le fait dominant de l'établissement de la maison d'Anjou sur le trône des Deux-Siciles.

[1] Le mot, d'après les historiens, aurait été dit par Clément IV lui-même, auquel on a voulu attribuer la plus forte part de responsabilité dans l'exécution de Conradin. Cette opinion a été combattue vivement par Fleury, Muratori et Sponde. Voyez surtout Raumer, *Geschichte der Hohenstauffen*, t. IV.

manqué tout à fait de sens politique, et qu'il s'était mépris de la façon la plus étrange et la plus déplorable sur les intérêts comme sur la situation du Saint-Siége. Il se persuada qu'il était maître de Rome, maître de l'Italie, maître du monde entier, parce que l'aigle impériale, dont l'Alighieri montrait encore dans le lointain les serres vengeresses à Charles de Valois, ne planait plus sur le Vatican[1]. Il fit tout ce qu'il fallait pour se séparer violemment du seul État qui eût intérêt à la grandeur, à la puissance du Saint-Siége. Lui qui ne possédait pas un pouce de terre sur lequel il pût être à couvert de ses innombrables ennemis, il se crut d'autant plus indépendant qu'il était plus isolé, et il entreprit de réaliser la monarchie universelle de Grégoire VII, oubliant que cette théorie ou ce rêve n'avait été qu'un instrument de circonstance pour ramener le clergé dans la main de l'autorité apostolique. Colosse aux pieds d'argile qui tomba, pour ne plus se relever, devant la baguette d'un huissier et le gantelet de Sciarra-Colonna.

[1] E non l'abbatta esto Carlo novello
Co' Guelfi suoi, ma tema degl' artigli
Ch' a più alto leon trasser lo vello.

DANTE, *Parad.*, VI.

XXXIX

Heureusement, le sacré collége dont les membres partageaient si étroitement, si personnellement les destinées de la papauté, et qu'on avait vus si souvent errants et persécutés comme elle, avait les yeux ouverts sur les périls du Saint-Siége. On peut dire que l'Église entière désapprouvait hautement les actes d'un pontife auquel avait manqué la plus essentielle des qualités, le discernement de sa situation et la conscience de son temps[1]. L'épigramme, dans les monastères, s'exerçait jusque sur son nom [2]. La

[1] « ... Linguæ ille licentioris et altioris, si dici fas est, animi vir, quam domini vicarium deceret... » Franc. Petrarc., *Ep. rer. senil.* (éd. de Bâle), p. 820. — « Fulminabat ille de terris et ad exemplum tonantis, dictis minacibus intonabat... » Id., *Rer. mem.*, lib. II, p. 421. — En parlant ainsi, par rapport aux actes qui avaient frappé les Colonna, Pétrarque faisait, sans nul doute, allusion au langage habituel de Boniface, et peut-être à la célèbre réponse faite, d'après Benvenuto d'Imola, aux ambassadeurs d'Albert d'Autriche : « Io, io sono Cesare, io Imperatore. »

[2] Cf., dans du Puy, *Preuves*, etc., le fragment du manuscrit de Saint-Victor où il est appelé *Malefacius*, et dans Eccard, t. II, col. 1849, les vers satiriques de Vulgerius :

> Et quod non meruit nomen habere datur.

On ne l'épargna pas davantage après sa mort : « ... Cujus etiam ani-

première de toutes les conditions pour retrouver un point d'appui, une chance de sécurité et d'avenir, était donc de regagner l'amitié de Philippe, de renouer l'antique et fraternelle alliance du Saint-Siége avec la France des croisades, avec la France de saint Louis et de Charles d'Anjou. De toutes les puissances chrétiennes, la plus chrétienne n'était-elle pas la France[1]? Et l'Église de Rome ne devait-elle pas se féliciter de ce que la France, étant la plus chrétienne, se trouvât en même temps la plus forte? Voilà ce que Napoleone, au nom de la majorité, exprimait dans l'effusion de ses douleurs et de ses ressentiments, et en témoignant l'espérance que Dieu voudrait bien, à l'heure du jugement dernier, lui pardonner l'erreur d'un mauvais choix en faveur de l'intention. Cette intention était pure, elle n'avait rien que de conforme aux mœurs, aux habitudes, aux croyances de l'époque. Elle était enfin consacrée par la tradition.

nam dæmones rapientes deduxerunt. » Martin. Min. ap Eccard., t. I, c. 1, 631.

Boniface, du reste, en expliquant la fameuse bulle *Clericis laicos*, désavouait ses propositions et convenait indirectement de ses torts. Voy. du Puy, *Preuves*, etc., p. 39.

[1] On connaît les expressions de Baronius au sujet du rôle de la France envers le Saint-Siége : « Portum Ecclesiæ Romanæ, fluctuantis naviculæ Petri... » Baron., *Ann. ad ann.* 1181.

XI

Je conviens, Monsieur, que Napoleone lui-même réclamait contre la résidence de la cour pontificale hors de l'Italie, et qu'il en faisait un grief capital envers la mémoire de Clément V. Pour lui, son intention n'avait jamais été de déshériter Rome, mais il reste à savoir si Rome ne s'était pas déshéritée elle-même.

On a souvent dit que, dans la querelle du sacerdoce et de l'empire, les deux adversaires avaient fini par se blesser réciproquement à mort, et que le déclin de l'autorité spirituelle avait suivi de près la chute de l'empire. Je ne le prendrai pas de si haut; la métaphore et la philosophie sont deux excellentes choses, goûtées séparément; mais, amalgamées, elles composent un fort mauvais plat. Je m'en tiens au fait le plus matériel possible, le plus palpable, celui de la condition temporelle de la papauté pendant et après la lutte. Assurément les souverains pontifes avaient traversé de bien mauvais jours dans le cours de ces inexorables débats. Proscrits, errants, dépouillés, captifs, nulle rigueur, nulle humiliation, nulle angoisse, ne leur avait été épargnée. Entre leurs amis mêmes, c'était à qui trouverait des prétextes pour se dispenser de les recevoir quand ils fuyaient de royaume en royaume, de rivage en rivage, devant le César tudesque [1]. Jamais pourtant, en ce qui regarde l'Italie, leur influence et leur autorité n'avaient été plus fermes, plus vivaces que parmi ces tristes épreuves. Représentants et martyrs, à compter de Grégoire VII, de la nationalité italienne, ils n'avaient à opposer aux armes et à l'or de l'étranger que leur caractère souvent méconnu et leur parole souvent impuissante; mais ils régnaient sur des cœurs dévoués, sur des imaginations enthousiastes de patrie et de liberté, et ils n'en amenaient pas moins les plus fiers souverains à tenir humblement l'étrier de leur mule et à leur demander grâce à genoux. Le pape était toute la politique, toute la défense de la Péninsule [2]. Politique d'autant plus nécessaire, qu'elle répondait à tous les besoins du pays; défense d'autant plus sûre, que l'ennemi, en voulant la repousser, s'exposait, comme Diomède, à blesser la Divinité elle-même.

[1] Cf., sur la situation précaire d'Innocent IV, entre autres, Matth. Westmon. (éd. Wats.), p. 561. — Raumer, *Geschichte der Hohenstauffen*, vol. IV, p. 157.

[2] Cf., sur la mémorable paix de Venise entre Frédéric Ier et

XLI

Tout changea et tout devait changer au moment du grand interrègne, et surtout après que les Français furent établis en Italie. L'ennemi commun a disparu et le souverain pontife, qui ne sera plus désormais l'antithèse de César, devient de moins en moins nécessaire. Renfermé dans l'exercice de ses fonctions sacrées, le glaive matériel qu'il a arraché des serres de l'aigle, il l'a remis aux mains de la France, et chaque province de l'Italie va désormais se livrer au travail exclusif de son organisation intérieure. Le souverain pontife, hôte plus ou moins incommode, jusqu'à ce moment, de la chrétienté, et accoutumé à errer le bâton à la main, sans asile fixe, voudrait alors se reposer et s'asseoir enfin chez lui. Il cherche sa place dans cette ingrate Italie qui lui doit sa résurrection, il n'en trouve plus. Singulière concordance : c'est à l'instant même où, par suite

Alexandre III, Raumer, *op. cit.*, t. II, p. 250. Luden, l. XXIV, surtout l'archevêque Romualdo de Salerne, l'un des témoins et des acteurs du drame, dans Muratori.

des deux renonciations successives de Rodolphe de Habsbourg, la Toscane et la Romagne se trouvent débarrassées à perpétuité de la présence des vicaires impériaux, et où la délimitation des domaines de l'Église, désormais indépendants, est fixée solennellement pour la première fois, que l'Église s'aperçoit qu'elle n'a plus de domaines, et le pape point d'abri [1]. Ceci, Monsieur, est de l'histoire, et de la plus élémentaire encore, quoique le chantre de la *Divine Comédie* prenne cette conjoncture pour l'expression de la plus haute puissance des papes, et qu'il se désole de voir réunis dans leur seule main les deux glaives symboliques dont la séparation et l'indépendance réciproque étaient indispensables au repos et au bonheur de la chrétienté [2].

Ne nous y trompons pas. L'autorité dont je parlais tout à l'heure était purement morale, elle n'a-

[1] Les renonciations de Rodolphe de Habsbourg furent faites sous le pontificat de Grégoire X, en 1274 et 1275. Sous le pontificat de Nicolas III, en 1278, un commissaire impérial fut envoyé en Italie pour mettre le Saint-Siége en possession de toutes les provinces dont Rodolphe lui avait reconnu l'entière propriété. Cf. Martin. Pol. contin. ap. Eccard, t. I, p. 1426. — Raynald., *Ad ann.* 1275-1278.

[2] Qui ne connaît le magnifique passage :

Soleva Roma.....
Due Soli aver, che l'una e l'altra strada
Facean veder, e del mondo e di Dio..., etc.
DANTE *Purg.*, c. XIV

vait même été acceptée que pour cela. Les papes ne marchandaient alors ni les gouvernements ni les concessions aux seigneurs qui s'armaient pour leur défense. La plupart du temps même, ces concessions n'étaient pas attendues, et celui qui avait bien su défendre une dépendance du Saint-Siége s'en regardait comme le propriétaire. Ainsi les papes avaient vaincu pour d'autres, et, dans leurs propres États, nul ne voulait plus les reconnaître. Bologne, Imola, Forli, Faenza, Césena, Ravenne, Ancône, Urbin, Ferrare, en un mot, la Romagne, l'Ombrie et la Marche, c'est-à-dire les trois provinces ecclésiastiques, sont un théâtre de luttes incessantes, d'usurpations et de brigandages, fruits amers de la longue lutte des deux puissances autant que de la liberté nouvelle. La guerre est partout, villes contre villes, provinces contre provinces, châteaux contre châteaux, familles contre familles. Ici une démocratie fantasque et licencieuse, là un despotisme sanguinaire et taciturne[1]. Au milieu de ce pillage du patrimoine de Saint-

[1] Sur la situation indépendante des villes, fiefs et prévôtés qui composaient l'héritage de la célèbre marquise Mathilde, et dont le Saint-Siége n'avait jamais eu la propriété, ainsi que sur les nouveaux intérêts et les nouvelles institutions qui s'y étaient développés, consultez surtout Raumer, *Geschichte der Hohenstauffen*, vol. III, p. 546.

Pierre, traité comme dépouille de l'Empire, voudraient s'élever çà et là de mobiles dynasties, entourées de rivalités et de piéges, les Montefeltro, les Da Polenta, les Malatesta, les Geremei, les Lambertazzi, les Rangoni, les Modigliana, les Varani.

Mais c'est principalement au centre de la religion, c'est à Rome que l'autorité du pontife a péri. Rome, dont la naissance fut inaugurée par un fratricide, est plus que jamais dominée, selon le mot d'Alcuin, par la fatalité qui présida à son origine et qui la condamna à nourrir éternellement la discorde dans son sein [1]. Entre la noblesse, qui est pour les Colonna ou pour les Orsini, et la bourgeoisie, qui affecte, sous la direction arrogante de son Sénateur et de ses anciens les allures de la vieille république, le pape est évidemment de trop [2]. Aussi lui fait-on la loi, et c'est à peine si

[1] Alcuin refusait d'y accompagner Charlemagne, à cause des troubles qui la déchiraient. Voyez Alc., *Ep. XCIII*, t. I, p. 157. (Éd. Froben.)

[2] « Les vrais maîtres de la ville alors, c'étaient les princes ou les barons... A Rome la noblesse se partageait ou se disputait les différents quartiers de la ville. La vieille et célèbre famille gibeline des Colonna dominait dans le nord, de la place San-Marcello aux Saints-Apôtres, sur le Quirinal; le mausolée d'Auguste, à l'entrée du Tibre dans Rome, avait été longtemps sa principale forteresse... La nouvelle famille des Orsini commandait le Tibre, de Campo-di-Fiore à l'église Saint-Pierre, et occupait à la fois le théâtre de Pompée, sur la rive gauche, et le Môle d'Adrien, au-

on le tolère, soit comme citoyen, soit comme prince, soit comme évêque. A tous ces titres, il n'est, en effet, qu'un embarras ou un danger. Il s'en fallait de beaucoup que Rome eût jamais voulu reconnaître dans son évêque un prince ou un souverain. Innocent IV, cet homme à l'intelligence si haute et si ferme, dans le moment où il déposait Frédéric II, s'y voyait tenu en charte privée par ses créanciers; et, quand il parvint à s'échapper, la municipalité défendait à toutes les villes voisines de le recevoir dans leurs murs. Depuis que tout rôle politique avait cessé pour Rome, ses souvenirs, ses regrets, ses espérances, s'étaient concentrés au foyer vivace de ses institutions municipales, seul reste de tant de grandeur, dernière et vaine image de son indépendance, sinon de sa royauté. Sous ce fragile abri elle se revoyait, comme dans un interminable rêve, tantôt l'austère république des Camille et des Scipions, tantôt l'é-

jourd'hui le château Saint-Ange, sur la rive droite. Moins puissants, les Savelli avaient, au sud, une partie de l'Aventin, avec le théâtre de Marcellus ; et les Conti, cette fameuse tour (Torre de' Conti) élevée sur le Forum de Jules César... » *Épisodes de l'Histoire d'Italie*, par Jules Zeller, p. 89 (1856). Aux familles désignées par mon savant ami, il faut joindre les Frangipani, qui avaient possédé longtemps le Colisée et qui vendirent Conradin à Charles d'Anjou, les Annibaldeschi, les Guatani, les Cenci, les Da Vico, etc.

pouse couronnée des Césars, tantôt le siége prédestiné du saint-empire d'Occident. Et toujours, dans ce rêve où les temps et les personnages se travestissaient, en se confondant, par les plus monstrueux et les plus bizarres anachronismes, elle se retrouvait l'arbitre du monde, elle marchait à la tête des nations.

Sans cesse en révolte contre des maîtres étrangers dont l'origine et la langue lui rappelaient trop qu'elle était leur conquête, elle se fût bien moins résignée encore à n'être que la vassale du pape, à devenir le patrimoine d'un prêtre. Cependant un secret instinct l'avertissait, malgré son dépit, que ce n'était que par son union intime avec la papauté qu'elle resterait la ville éternelle, la métropole de la chrétienté. De là une existence fébrile, un malaise moral qui se manifestait par les aspirations et les actes les plus contradictoires, entre les enivrantes réminiscences du passé et la pression des intérêts trop compliqués et trop obscurs du présent; fièvre dont la folle équipée de Renzo fut le dernier et sanglant paroxysme, après quoi la dispersion de la noblesse, le désarroi des vieux partis et la lassitude du peuple mirent Rome, désabusée et repentante, aux pieds du souverain pontife [1].

[1] Cola Renzo rejetait lui-même la faute de l'exil du Saint-

XLII

Comment, dans une telle situation, le sacré collége, composé presque en entier d'Italiens, n'aurait-il pas ressenti et exprimé, malgré le petit nombre de ses membres, les passions et les intérêts du dehors? Là se reproduit tout d'abord la lutte des Colonna et des Orsini, et les sévères règlements de Grégoire X sont impuissants pour assurer l'ordre et la liberté des conclaves[1]. Chaque élection est

Siége sur les Romains, lorsqu'il les menaçait de voir cet exil se perpétuer, par suite de leurs discordes : « Ne quando sacræ pastores ecclesiæ illius male consulti populi *infectionum veterum recordati*... et *de illorum instabilitate diffisi*, eos una cum cæteris eorum ducibus, ut demeritos, cadere permittant in foveam... » Ap. Franc. Petrarc. Opera, p. 1124. Génebrard s'exprime ainsi au sujet de Clément V : « Transtulit, *propter seditiones italicas* quibus mederi non poterat, sedem pontificiam ab urbe Romà Avenionem... » Gen. *chron.*, l. IV, p. 665.

[1] Les règlements de Grégoire X péchaient par leur sévérité même. Les cardinaux devaient être renfermés, sans communication d'aucune sorte ni entre eux ni avec le dehors. Si l'élection n'était pas faite au bout de trois jours, on ne leur servait plus qu'un plat et de l'eau pure. Cinq jours après, si le conclave durait encore, ils n'avaient pour tout ordinaire jusqu'à la fin des opérations

marquée par des désordres, dont la fin n'est due, la plupart du temps, qu'à l'intervention violente des populations[1]. Quelquefois on trouve à peine un lieu où elle puisse s'accomplir. Observez ensuite, depuis l'avénement de Grégoire X jusqu'à celui de Clément V, dans un espace de trente-quatre ans (1271-1305), cette succession de pontifes dont les vertus ne peuvent être mises en cause, mais qui ne sont élevés, souvent malgré eux, au Saint-Siége, que parce qu'ils ont déjà un pied dans la tombe, et que leur fin prochaine, qui réserve les espérances de chacun des électeurs, ne peut décourager personne[2]. Vous n'en compterez pas moins de dix pour cette courte période; encore, des trente-quatre ans que leurs règnes éphémères se partagent, en faut-il retrancher sept, qui représentent les diverses vacances amenées par la difficulté des élections; sept ans

que du pain et du vin. Abrogés par Jean XXI en 1276, puis modifiés par Adrien IV, ils furent renouvelés sans fruit par Célestin V.

[1] Ces interventions des princes ou de la populace elle-même se renouvelèrent beaucoup trop souvent, comme on le voit dans les annales de l'Église. Elles avaient été nécessaires en 1271, 1276, 1277, 1280, 1294. Cf. *Vies des Papes*, dans A. Duchesne, l'*Art de vérifier les dates*, *Chronologie des papes;* Fleury, *Histoire ecclésiastique*, etc.

[2] «.... Perche in XVI mesi, morirono IV Papi.. . » (Grégoire X, Innocent V, Adrien V, Jean XXI.) Villani, l. VII, c. LI.

pendant lesquels, à différentes fois, le sacré collége laissa l'Église sans chef, et retint exprès la lumière sous le boisseau. Ainsi les dix papes n'ont rempli réellement que vingt-sept ans : leur durée moyenne n'a pas été de trois.

Il a été bien facile aux écrivains modernes de condamner Clément V, et de lui reprocher comme un crime d'avoir abandonné l'Italie et Rome à elles-mêmes. Préférerait-on qu'il eût été un Alexandre VI ou un Jules II, et qu'il eût pris la lance et l'épée, sans parler des autres moyens, pour se créer un asile au milieu des factions? Il fallait combattre ou se résigner à vivre et à régner en fugitif, comme Martin IV, qui ne trouvait pas où se faire sacrer, et qui errait d'Orviète à Viterbe et de Viterbe à Orviète, sans pouvoir résider à Rome. Grégoire X n'y avait pu passer que quelques jours, et les autres guère plus.

Cela, je le sais fort bien, n'empêchait pas les populations, dans leurs fréquentes crises, d'élever les yeux et les mains vers la chaire impuissante de saint Pierre, pour lui demander aide et secours. Les Guelfes, lorsqu'ils étaient les plus faibles, imploraient la papauté, comme les Gibelins l'Empire, sauf à payer d'ingratitude l'intervention de l'une ou de l'autre. Mais cet appel du désespoir, ce cri arraché par l'habitude, et qui n'était au fond qu'un recours à Dieu, ne témoignait ni de l'autorité du Saint-Siége, ni de l'empressement des populations à lui obéir. C'est sous l'impression de ce sentiment traditionnel que Dante maudissait Clément V, lui qui pourtant connaissait si bien son Italie, et qui la résumait dans un vers immortel :

> Ahi! serva Italia, di dolore ostello!

Jusqu'à ce que les plaies saignantes de cette maison de douleur fussent cicatrisées ou endormies, la papauté n'eût fait qu'achever de se déconsidérer et de se perdre, par une inutile insistance à y vivre ou à y prévaloir. Elle devait s'en exiler comme le génie, comme le patriotisme, comme la gloire, c'est-à-dire comme Dante lui-même, et un peu plus tard Pétrarque, qui n'aurait jamais été couronné au Capitole, s'il n'eût d'abord trouvé, pour chanter, l'heureuse solitude de Vaucluse[1]. Le succes-

[1] « ... Ad fontem Sorgiæ, trans Alpes, ubi floridiores anni magnâ mihi ex parte fluxerunt, quo tempore nihil jucundius, et loco... nihil tranquillius. » Franc. Petrarc. *Ep.*, l. IX, p. 854. — En vingt endroits, l'inconsistant et romanesque poëte appelle Vaucluse son *Hélicon transalpin*, son refuge, *procellarum animi mei portum*, ce qui ne l'empêche pas de médire en autant d'endroits pour le moins, et dans les termes les plus violents, la Provence, le Rhône, Avignon, et la France entière, qui est toujours pour lui le pays des barbares, la Gaule du temps de Marius et de Jules César.

seur de saint Pierre devait attendre, loin du bruit des armes, que l'anarchie et l'usurpation eussent fait leur temps, et que les clefs des villes de son patrimoine lui fussent apportées par un belliqueux prélat, Gil Albornoz. Encore fallut-il recommencer plus tard. Mais ici nous marchons sur un sol brûlant, l'organisation par la guerre, par la force, du domaine pontifical.

XLIII

Ne croyez pas que je m'aveugle volontairement sur les conséquences du séjour des papes à Avignon, bien que je ne le juge pas, tant s'en faut, à la manière des Italiens[1]. Le temps n'était plus où les souverains, forcés de compter, au dedans, avec les grands vassaux, et ayant encore, au dehors, un arbitre et un suzerain dans celui qui portait le titre d'empereur,

[1] «...Vocatus ad apostolatum Clemens, magno rei christianæ malo, italicum iter non aggressus est...» Raynaldi, t. IV, p. 395. Duchesne et d'autres ont pensé que la résidence en France avait été l'une des conditions du traité : « Voulant s'accommoder au plaisir du Roy, il résolut d'establir sa demeure au Royaume de France, et d'arrester le siége papal en Avignon. » A. Duchesne, t. II, p. 231.

ne régnaient guère qu'à titre de lieutenants du pouvoir impérial, tenu lui-même en échec par le pouvoir apostolique. A cette époque, déjà éloignée, de tâtonnements sociaux, quand la puissance publique était si indécise et si vague, le pape pouvait aller d'un royaume à l'autre sans craindre de se trouver en face d'une autorité qui osât rester debout devant la sienne. Alors il était permis à Pierre le Vénérable de consoler l'exil d'Innocent II en lui disant, avec Lucain, qu'il transportait Rome partout où il lui plaisait de s'arrêter : *Veios habitante Camillo, illic Roma fuit.* Mais l'argument classique avait singulièrement perdu de sa force depuis que les souverains avaient plus ou moins appris à être maîtres dans leurs États, et que la distinction entre l'ordre spirituel et l'ordre temporel était devenue un principe de droit européen. Hors de Rome, le pape n'était plus sur ses terres, il était bien réellement sur celles d'autrui, et il n'y pouvait séjourner sans encourir au moins le soupçon d'acheter par des complaisances partiales l'hospitalité qui lui était accordée. Le marquisat de Provence, sur lequel la cour romaine s'établit, était sans doute terre d'empire, comme l'Italie, et le Saint-Siége y avait acquis, depuis un siècle, des droits qui ne lui semblaient pas périmés. Sous ce rapport, les papes pouvaient se croire chez eux, car leur portion du marquisat leur appartenait au même titre que la Provence appartenait à la maison d'Anjou. Mais ne nous dissimulons pas qu'il ne pouvait y avoir là une garantie d'indépendance. Au point de vue moral, le Saint-Siége, dans sa petite enclave, ne paraissait plus qu'un satellite de la couronne de France [1].

Ce n'était donc pas impunément que le vicaire du Christ pouvait paraître résigner son autorité aux mains du roi de France, et qu'on le vit s'obstiner à vivre en réfugié aux bords du Rhône, lorsque l'on croyait qu'il n'aurait tenu qu'à lui de siéger dans toutes les pompes de sa divinité terrestre, au sein de la ville éternelle. Le schisme et l'hérésie sont là. Bientôt les vainqueurs de Poitiers chanteront, en se disputant les lambeaux de l'armure du roi de France : « Si le pape est Français, Jésus-Christ est Anglais. » Déjà l'on entend venir Wiclef, Jean Huss, Luther et tous les autres.

[1] Cf. sur les droits des papes à la propriété du Comtat Venaissin, Bouche, *Histoire de Provence*, l. IX, sect. II, p. 223; — *Histoire du Languedoc*, l. XXIV, c. LIV et LXVI, p. 378-585, et *Preuves*, § 106.

XLIV

Une question, cependant. S'il n'est pas permis de regarder l'exil de la papauté comme un acte libre et volontaire, jusqu'à quel point doit-on le rendre responsable et du schisme et de tous les événements religieux qui ont brisé l'unité de l'Europe chrétienne? Peut-être, après tout, le pontificat de Clément V et les actes qui s'y rattachent ne sont-ils, comme le schisme, comme la Réforme elle-même, que les crises successives du long et pénible travail qui devait aboutir à l'établissement politique du Saint-Siége. Ce travail sourd, mais incessant, cette question de vie ou de mort pour l'Église, c'est elle qui, pendant huit siècles, avant comme après Charlemagne, avant comme après Grégoire VII, sous les Grecs comme sous les Lombards, sous les empereurs saxons comme sous les Hohenstauffen, avait fait de l'Italie un champ de bataille, et donné tant de secousses à l'univers chrétien : tâche d'autant plus difficile, d'autant plus cruelle pour la papauté, qu'elle ne pouvait l'accomplir que par la main d'autrui, et que, lorsqu'il y allait, non de son existence, mais, ce qui revient au même, de son influence et de son autorité, elle était réduite à attendre son succès des mouvements capricieux de l'opinion et du hasard des événements [1].

Quand vous vous êtes demandé, Monsieur, pourquoi le grand schisme n'avait pas fini comme tous les schismes antérieurs, c'est-à-dire sans sortir de l'ordre ecclésiastique et du domaine spirituel, vous vous serez certainement aperçu que ce n'était pas dans l'histoire de l'Église, mais dans l'histoire politique, qu'il fallait chercher la réponse à cette question. Autrefois il avait suffi de la parole d'un moine pour rendre l'unité à l'Église et pour renverser les plus solides antipapes, même lorsqu'ils avaient des rois derrière eux. Au quinzième siècle, ce n'est pas trop de tous les souverains pour en venir à bout, il faut une coalition des puissances temporelles pour régler le monde spirituel. Pourquoi cela, sinon parce que le schisme était devenu un instrument entre les mains des princes et que chacun avait voulu confisquer le Saint-Siége à son profit? Le jour où ils se trouvèrent d'accord pour en finir, il leur arriva exactement ce qui était arrivé dans l'élection de Clément V, par rapport aux membres du Sacré-Col-

[1] Voyez la bulle de Clément V au roi Charles II de Naples dans Baluze, *op. cit.*, t. II, p. 162.

lége. On comprit que la papauté ne pouvait appartenir qu'à elle-même. Elle ne fut ni aragonaise, ni française, ni allemande, elle sortit du Concile de Constance à l'état, désormais consolidé, ou peu s'en faut, de puissance italienne. Depuis l'élection de Martin V, quatre cent quarante ans se sont écoulés, et cinquante papes ont successivement porté la tiare. Tous ont été nécessairement Italiens[1]. La populace de Rome ne soupçonnait pas la gravité de la question politique qu'elle soulevait, lorsqu'elle menaçait de mort les cardinaux réunis dans le conclave après la mort de Grégoire XI, s'ils ne lui donnaient pas un pape romain : *Lo volemo Romano*. Les plus sages n'auraient pas mieux dit, et ce cri de la passion est devenu l'un des fondements de l'équilibre européen.

Pour la Réforme, je n'ai pas besoin, je suppose, de répéter ce qui a été dit tant de fois de la revanche que l'Allemagne avait à prendre des renonciations de Rodolphe de Habsbourg, renouvelées par Frédéric III. L'Allemagne, dirigée par ses princes, ne voulut devenir étrangère à la papauté que du moment où les Empereurs furent devenus étrangers à l'Italie. Et n'est-il pas probable que la scission

[1] On comprendra facilement pourquoi je range les deux Borgia et Adrien VI parmi les Italiens.

eût été bien plus large et bien plus profonde encore, si la diète germanique, en 1520, n'avait porté au trône ce jeune Autrichien qui, par le hasard de la naissance et les relations de famille, se trouvait être un prince italien, à titre d'héritier plus ou moins légitime des Deux-Siciles?

A ce point de vue, le pontificat de Clément V doit exciter le plus sérieux intérêt, car il pose nettement, et pour la première fois, la grande question dont personne encore ne s'était rendu compte. Il est, sous ce rapport, une des crises capitales parmi celles que je rappelais tout à l'heure. Ce qui, dans tous les cas, est vrai, c'est que l'éloignement des papes les fit aussitôt regretter de l'Italie entière, et que le besoin, l'utilité de leur action et de leur présence ne s'y firent jamais mieux sentir que lorsqu'ils n'y furent plus. Eux seuls, dans la Péninsule, avaient un droit certain et imprescriptible, un titre légal de propriété. Tous les autres gouvernements italiens, assis sur les fondements précaires de la violence, de la fraude ou de l'insurrection, devaient éprouver le besoin de se légitimer ou de se donner l'apparence du droit en se rattachant à eux. Dans les États de l'Église surtout, où il ne pouvait y avoir aucune autorité qui ne fût née de l'usurpation, ceux auxquels l'obéissance ou le désordre pesaient également, et qui ne pouvaient supporter ni l'anarchie ni le despotisme, regrettaient leur pontife absent et mettaient en lui le seul espoir de leur délivrance. Appelé par les uns comme un médiateur nécessaire, et revendiqué par les autres comme un souverain légitime, le pape, qui·était sorti de ses domaines en fugitif, devait y rentrer, dans un temps donné, en triomphateur [1].

Encore ne faut-il pas oublier que, malgré les abus et les dépravations si amèrement reprochés à la cour d'Avignon par Pétrarque et les autres partisans de l'Italie [2], ce retour fut considéré comme un malheur pour la religion et pour le Saint-Siége par quelques-uns des plus éminents docteurs de l'Église. Le grand Gerson, qui le déplorait, rapporte que Grégoire XI, à son lit de mort, et *tenant le sacré corps de Notre-Seigneur dans ses mains*, avait protesté contre la séduction exercée sur lui par les instances de Catherine de Sienne, qui l'avaient entraîné à Rome, ce qui allait donner lieu au

[1] Pétrarque répondait à ceux qui lui demandaient s'il y aurait sûreté pour le Pape et pour le Sacré Collége, à Rome, que s'ils y allaient, ils n'y seraient pas seulement respectés, mais adorés, ou peu s'en faut. « ... An fieri posset ut Romanus Pontifex Sacrumque Collegium Romæ tuti agerent?... Id si fecissent, non colendos tantum, sed paulo minus adorandos... » Franc. Petrarc., *Ep. rer. sen.*, l. VII, p. 818.

[2] « ... Avinio, probrum ingens, fœtorque ultimus orbis terræ... » Franc. Petrarc., *Apol.*, p. 1069.

schisme dont la prévision tourmenta son agonie [1].

La rive du Rhône, objet des injustes anathèmes de Dante, deviendra, en attendant, l'asile de tous les proscrits, le refuge de tous les opprimés, la patrie de toutes les victimes. Là, de Milan et de Florence, de Ravenne et de Bologne, de Naples et de Venise, se donneront rendez-vous tous ceux qui voudront conspirer pour l'ordre et la liberté. Là, devant les peintures de Giotto, ou à la lecture des chants de Pétrarque, ils croiront retrouver Rome,

. . . . . simulataque magnis
Pergama [2].

[1] « .... Quia per tales ipse seductus, dimisso suorum rationabili concilio, se traxerat, et Ecclesiam, ad discrimen schismatis imminentis, nisi misericors provideret sponsus Jesus, quod horrendus usque adhuc nimis, heu! patefecit eventus! » Gerson (éd. 1706), t. I, *lib. de Examinatione doctrinarum, consid.* III, c. XVI. — Les lettres de sainte Catherine à Grégoire XI avaient été écrites, sous sa dictée, par le prieur de la Chartreuse de Sienne. Gerson oubliait que le pape était évêque titulaire de Rome, et qu'il avait en cette qualité charge d'âmes toute particulière dans son diocèse; c'est même la seule bonne raison qu'il soit possible de trouver dans tout le fatras de réminiscences classiques adressées à Urbain V, sous forme de lettres, par Pétrarque, pour le faire revenir à Rome. Cf. Franc. Petrarc. op. (éd. de Bâle), p. 814.

[2] « ... Et Romanus Pontifex, et multa Romanæ civitatis insignia illic erant... » Franc. Petrarc., *Ep. rer. sen.*, l. XV, p. 958. — « ... Tiberinos honores cuncta *rodens Rodanus* vorat... » Id. *Ep. var.*, p. 1002.

Cette jeune Italie, ainsi placée en face de l'ancienne, comme un perpétuel et vivant reproche, lui rendra le sentiment de sa dignité et de ses devoirs.

XLV

C'est alors que le vainqueur de Tarifa, Albornoz, viendra pour accomplir son œuvre; mais alors aussi, deux vérités auront lui à tous les yeux : la nécessité de l'indépendance politique du Saint-Siége, et la légitimité de son domaine temporel. Ce dernier principe n'eût-il pas déjà été reconnu, il devenait le corollaire infaillible de l'autre[1]. Or, qui les entrevoyait à l'époque où Dante maudissait la donation de Constantin, comme la source de tous les maux de l'Église, et où il croyait de bonne foi que le souverain pontife pouvait rester, dans la division de l'Europe moderne,

[1] Voyez sur le retour triomphant d'Urbain V à Rome, Baluze, *Vitæ PP. Aven.*, t. I, p. 378 et 407, et t. II, p. 769. On lui apporte à Corneto les clefs du château Saint-Ange, et on lui remet l'entière souveraineté de la ville, *plenum dominium urbis*. Les temps étaient bien changés.

le sujet de l'empereur d'Allemagne, comme il l'avait été des empereurs romains[1]?

J'excuse la rancune des Italiens du moyen âge, pour lesquels le pontificat de Clément V était une date néfaste. Mais je trouverais de bon goût et de bon sens que l'on fût, maintenant, un peu moins injuste envers lui. Philippe le Bel n'avait pas besoin de l'acheter pour qu'il restât en France. La peur naïve que, selon Infessura, l'auteur le mieux informé, il montrait d'aller à Rome, certain d'y devenir, sans profit pour l'Église et sans honneur pour lui, le jouet des violences et de la cupidité des grands, suffit pour expliquer toute sa conduite[2]. Ce fut le mobile secret de ses complaisances, sans compter la facilité de son caractère naturellement enclin à céder. Quand je compare à ses actions les cruelles diatribes de Villani, ou les satires, sous forme de prophéties, qui le représentent comme l'époux infidèle de la Babylone moderne, comme portant un nom que démentaient sa cruauté et son injustice, je le plains

[1] Ahi! Costantin, di quanto mal fu madre
Non la tua conversion, ma quella dote
Che da te prese il primo ricco padre..!

Dante, *Inf.*, c. XIX.

[2] «... Havendo paura di venire a Roma... » Stef. Infessura, ap. Eccard, t. II, col. 1865. Le même témoignage se trouve dans Raphael Volaterranus, *Comment. urb.*, l. XVII, dans Albert Krantz, *Metrop.*, l. VIII, c. XLIX.

sincèrement, Monsieur, et vous le plaindrez comme moi [1]. Le nom qu'il avait pris en montant sur le trône pontifical était l'expression véritable de ses penchants, et, sauf la déposition de Gautier de Bruges, il n'est pas un acte émané de sa seule initiative qui ne l'ait justifié. Rome même n'aurait pas dû oublier la part qu'il prit à ses désastres, et avec quelle généreuse munificence il s'attacha à réparer l'incendie de Saint-Jean de Latran [2].

La vérité est que, par rapport à ses anciens souverains, surtout envers le roi de France, il ne sut jamais être le chef de la chrétienté, il ne put jamais s'élever à la dignité de caractère, à l'indépendance et à la hauteur de pensée que voulait sa position. Son tort, ce ne fut pas de céder à ses propres

[1] «...Vides mulieris Babylonicæ sponsum fugientem; hic suam sibi abominabilem sponsam viduatam relinquens, habens nomen dissonum, crudelis, injustus et immundus....» etc., dans Eccard, t. II, col. 1865.

[2] Fr. Duchesne, II, p. 254; *Vies de Clément V*, dans Baluze. « ... s'apprese fuoco in Roma, ne' palagi papali di Santo Giovanni Laterano, e arde tutte le case de' Calonaci, e tutta la Chiesa e circuito..... Pero papa Clemente quinto sentendo cio, l' anno appresso, vi mando suoi ufficiali con grande quantita di moneta, e la detta Chiesa fece restaurare e rifare piu bella e piu ricca che non era in prima, e simile i palagi papali, e le case de' Calonaci, e penaronsi parecchi anni a rifare, con gran costo di tesoro. » G. Villani, l. VIII, c. XCVII.

passions, ce fut de ne savoir jamais résister à celles des autres. Sa correspondance avec Philippe l'atteste à chaque ligne. Ce sont des velléités de résistance qui n'aboutissent pas, des reproches timides qui ressemblent à des plaintes ou à des supplications, puis des désaveux empressés chaque fois que le dur monarque fronce le sourcil et paraît s'irriter. Avait-il, pour son malheur, reçu des services d'argent de Philippe, au moment où son élévation le surprit dénué de tout? Je ne sais, mais sa faiblesse, qui trouverait une excuse dans cette déplorable circonstance, n'en fut pas moins un vrai fléau pour lui et pour l'Église. Que voulez-vous de plus? Cette faiblesse, il l'avouait, la reconnaissait le premier, et il était sans doute aussi le premier à en gémir, lorsque, répondant à des remontrances que Philippe le Bel lui adressait relativement aux déprédations commises par son entourage, il répondait avec une humilité trop naïve, peut-être, par ces paroles de Saint Augustin : *Homines sumus, atque inter homines conversamur*[1].

[1] Voy. Baluze, *Vitæ PP. aven.*, t. II, p. 59. Sismondi lui-même, quelque mal disposé qu'il soit pour Philippe le Bel et pour Clément V, ne peut s'empêcher de plaindre la faiblesse du pontife. Il cherche à l'excuser, à sa manière : « Il avait vu ses deux prédécesseurs périr à Rome pour avoir encouru la colère du roi de France, il était lui-même en France et entre ses mains. Aussi il ne

C'est par cette confession du malheureux pontife que je terminerai la mienne. Il ne tient qu'à vous, Monsieur, de lire à présent le document que je vous ai annoncé, à moins que vous n'ayez besoin de vous reposer après en avoir lu un si long et peut-être si stérile commentaire.

Agréez, etc.

cherche point à lui résister, il tenta seulement de le désarmer à force de soumission..... Clément V, en entassant les faveurs sur Philippe et sa famille, cherchait à lui faire oublier ses projets impies et sa vengeance.... » *Histoire des Français*, t. IX, p. 189-190. Cf. dans Raynaldi (*ad ann.* 1314) l'éloge de Clément V sous le rapport du zèle, de la foi et de l'ardeur à propager la religion. Il le déclare comparable, à ces divers titres, aux plus grands pontifes.

Paris, 1er mai 1856.

JOURNAL

DE LA

VISITE PASTORALE DE BERTRAND DU GOT

DU 17 MAI 1304 AU 22 JUIN 1305

J'ai parlé ci-dessus du registre original dans lequel avaient été inscrits ou insérés les actes de la visite de Bertrand du Got, visite à laquelle ont fait allusion tous ses biographes, comme tous les annalistes de l'Église, Bernard-Guidonis, Jean de Saint-Victor, Amalric de Béziers, Raynaldi, Fleury, etc. Ce registre était connu d'André Duchesne, qui en parle dans ces termes : *Registrum vetus quod adhuc Burdigalæ servatur* (t. II, p. 231), et qui le cite comme son autorité, lorsqu'il mentionne la visite dans la

Vie de Clément V. Il écrivait en 1653. Au commencement du siècle suivant, les auteurs du *Gallia christiana* en firent aussi des extraits qu'ils insérèrent dans l'article consacré à Bertrand du Got (T. II, col. 830).

Le cahier de papier dans lequel j'ai trouvé le sommaire des actes de la visite est un résumé des pièces que renfermait le *Registrum vetus*. C'est un in-4° de 44 feüillets, dont les 15 derniers sont restés en blanc. On l'a revêtu, probablement vers le milieu du dernier siècle, d'une chemise de papier fort, azuré, qui porte, en écriture de cette époque, le titre suivant :

Inuentaire des Cartes de l'archeueché, c'est-à-dire des actes qui en constatent les hon eurs et reuenus, lesquels sont en forme de lieve.

Au-dessous : *Lieve des honneurs, hommages et reconnoissances de l'archeueché*. — HOMMAGES. — *Aux Mémoires utiles en général*.

Sur la foi de ce titre, je ne me doutai pas d'abord qu'il pût y être question de la visite, d'autant plus que rien ne sépare les actes qui y appartiennent de ceux qui les précèdent et de ceux qui les suivent. Je ne devais m'attendre à y voir que l'analyse des titres de propriété contenus dans un de ces nombreux terriers, dont on faisait ainsi des extraits ou des transcriptions, à mesure que les originaux dépérissaient, ces originaux mêmes ayant souvent besoin d'être remplacés par des vidimés. Il fallut une lecture attentive pour me mettre sur la voie.

Les actes de la visite avaient été dressés en latin, et le sommaire est en français du seizième siècle, style et écriture. Le cahier présente déjà des caractères assez prononcés de vétusté et demande à être conservé avec soin, chose pour laquelle on peut se reposer sur l'intelligent et dévoué archiviste de la Gironde, M. Gras. L'écriture est lisible, même pour les paléographes les moins exercés, et l'on s'aperçoit, à la différence du caractère, que deux personnes ont successivement travaillé à la transcription. On voit aussi, au premier coup d'œil, que les scribes ou feudistes chargés, au seizième siècle, de la traduction des actes de la rédaction du sommaire, n'étaient pas fort au courant de leur besogne, en ce qui touche la reproduction française des noms de localités, qui étaient désignées nécessairement dans le *Registrum vetus* par leur forme latine. Quelquefois même le sens de certaines locutions leur échappant tout à fait, ils les ont copiées au travers de leur français, comme dans l'acte n° 234, où, lisant que l'archevêque s'était fait saigner, *fecisse minutionem*, ils ont reproduit naïvement ces deux mots, en laissant au lecteur le soin de traduire. Ainsi, le diocèse de Poitiers renfermant beaucoup de lieux dont la terminaison latine était *acus* ou *acum*, et à laquelle répondaient en français les désinences *é*, *ay* ou *ais*, nos scribes ont toujours représenté *acus* ou *acum* par *ac*, forme gasconne qui leur était familière : *Pertiniacus* (Parthenay) est rendu par *Pertiniac; Ceniliacus* (Senillé), par *Cenillac ; Gentiacus* (Gençay), par *Gensac*. Je tiens à donner des exemples de ces erreurs, qui prouvent d'une part la bonne foi des copistes, de l'autre la rédaction directe et immédiate du sommaire sur le *Registrum vetus*. On y lit :

La *Saluelé de Faberiis*, pour La Sauvetat de Favières, n° 42.

Medicin, pour Mezin, du latin *Medicinum*, n° 54.

Chasteau-Ayre, pour Châtellerault, du latin *Castellum-Ayraldi*, n° 122.

Mont des Églises, pour Montilliers, du latin *Mons ecclesiarum*, n° 167.

Saint-Michel in Heremo, pour Saint-Michel en l'Herm, n° 200.

Orbisterio, pour Orbètier, du latin *Orbisterium*, n° 206.

Saint-Jean de Malebrerio, pour Saint-Jean de Maulevrier, n° 216.

Bercoire, pour Bressuire, du latin *Bercorium*, n° 218.

Vendobrio, pour Vendeuvre, du latin *Vendobrium*, n° 229.

Galli-Assati, pour le Calage, n° 65.

Care faie, pour Cheffoi, du latin *Cava faya*, n° 182.

Assian, pour Aizenay, du latin *Assianum*, n° 208.

Aurival, pour Airvault, du latin *Aurea Vallis*, n° 148.

Je ne parle pas du grand nombre de lieux dont la finale latine a passé naïvement du latin de l'original dans le français du sommaire : *Ardino* (Ardin); *Corromo* (Coron), etc.

Les deux premiers feuillets du cahier donnent l'analyse de treize *cartes*, c'est-à-dire chartes, relatives à divers droits seigneuriaux des archevêques On y trouve l'hommage des seigneurs de Puy-Paulin les serments d'obédience des abbés de Saint-Romain, de Blaye et de Bonlieu, les aveux et reconnaissances de divers gentilshommes du Bordelais. C'est au troisième feuillet, 14e acte, ou carte, que commence l'énumération des étapes de la visite, sans autre avertissement que ces mots mis en marge : *Droits de visite au diocèse d'Agen*. Ils continuent depuis le 14e acte jusqu'au 237e, auquel la visite se termine. Je ne donne ici, bien entendu, que la portion du cahier qui se rapporte à la visite.

DROITS DE VISITE AU DIOCÈSE D'AGEN

PRIEURE DE LABASTIDE. (S^te^ FOY-SUR-DORDOGNE.)—Le XIIIIe (*acte*) porte que led. seigneur archeuesque procedant a la visite de sa province, il auroit commence à faire sad.^te^ visite au diocese d'Agen et seroit alle au prieure de Labastide de Ste Foy au diocese d'Agen ladite eglise aveçq sa famille aux despens dud. prieure presche la parolle de Dieu et administre le sacrement de confirmation et confere la tonsure le 17 may 1304.

PRIEURE DE CABROSA. — Le XVe est un autre acte portant que led. seigneur archeuesque auroit este a leglise S. André des vignes en la bastide de Ste Foy au diocese d'Agen laquelle eglise est du prieure de Cabrosa qu'il auroit visite et s'en seroit retourné aud. prieure de la bastide ou il auroit pernocte aux despens dud. prieur de Cabrosa.

PRIEURE DE LIGORS. — Le 16.e porte que led. seigneur archeuesque se seroit aussy transporte au prieure des relligieuses de Ligors au diocese d'Agen et au prieure de Margueronne quil auroit bien et deuement visite et y couche aveçq son train aux dépens desd. prieures, le 20 may 1304.

PRIEURE DE SAINT-ASTIER ET DE DURAS. — Le 17 porte que led. seigneur Archeuesque se seroit aussy transporte au prieure de St-Astier aud. diocese d'Agen et à celluy de

Duras ou il auroit couche aveq son train aux despens dud. prieure et y fait la visite.

Le 18 porte que led. seigneur seroit alle a Leuinhac ou il auroit couche en la maison du seigneur dud. lieu invite par led. seigneur le 10 des calendes de juin 23 may 1304.

Prieure de la Sauveté. (La Sauvetat du Drot.) — Le 19 porte quil serait alle au prieure de la Sauuete ou il auroit annonce la parolle de Dieu et donne la confirmaon et tonsure a plusieurs personnes et couche aud. prieure aveq son train aux despens de labbe de Sarlat qui lors tenoit led. prieure le 24 may an susd.

Prieure de Marignac. — Le 20 porte que led. seigneur seroit alle a Miramont et y estant seroit descendu au prieure de Marignac pres dud. lieu de Miramont et y annonce la parole de Dieu au peuple confere la confirmaon et tonsure et y auroit couche aveq son train a ses couts et despens le 26 may aud. an.

Prieure de Marmande Virazel. — Le 21 porte que led. seigneur seroit alle a Marmande au prieure dud. lieu ou il auroit couche aveq son train aux despens dud. prieure et le lendemain 28 desd. mois et en seroit alle au prieure Virazel ou il auroit fait la visite et annonce la parole de Dieu et confere la confirmaon et tonsure et y sejourne jusques a lendemain aux despens dud. prieure Virazel.

Prieure de Gontaut. — Le 22 porte que le 29 desd. mois et an led. seigneur seroit arrive au prieure de Gontault ou il auroit fait semblable visite que dessus et demeure jusques au lendemain avecq son train aux despens dud. prieure.

ABBAYE DE CLAYRAC. — Le 23 porte que le 30 desd. moys et an led. seigneur archeuesque seroit arrive a Cleyrac et le lendemain y auroit fait sa visite dans labbaye dud. lieu ou il sejourne deux nuits la première aux despens dud. abbe et la seconde aux siens.

PRIEURE STE-LIURADE. — Le 24 porte que le premier de juin aud an il seroit alle au prieure de Ste-Liurade qu'il auroit visite et y annonce la parole de Dieu confere la confirmation et tonsure.

PRIEUREZ DE COMBEBEUF ET AUTRES. — Le 25 porte qu'il seroit alle le second de juin au prieure des religieuses de Fontgrave ou il auroit aussy annonce la parole de Dieu et le même jour seroit alle au prieure de Combebeuf ou il auroit couche et d'illec seroit aussy en celluy de Lauzun ou il auroit aussy annonce la parole et y couche avecq son train aux despens du prieur.

PRIEURE DE MONTAURIOL. — Le 26 porte que led. seigneur seroit arrive au prieure de Montauriol ou il auroit couche avecq son train le 4 dud. mois de juin.

MONTAULT ET LEYRAC. — Le 27 porte que led. seigneur archeuesque seroit parvenu au prieure de Montault ou il auroit presche et apres la visite faite se seroit transporté en celluy de Leyrac et d'illec en celluy de Cassaneuil ou il auroit couche aveccq son train en la maison du chappelain dud. lieu le 5 dud. moys de juin.

Monflanquin. — Le 28 porte la visite faite par led. seigneur au prieure de Monflanquin ou il auroit couche aveccq sa famille.

De Vaulx. — Le 29 porte que le 7 dud. moys seroit led. s.r alle au prieure de Vaulx pres Roquefere ou il auroit fait sa visite et dela seroit alle audit lieu de Roquefere et couche au chasteau avec son train aux despens dud. prieur de Vaulx.

S.t Front. — Le 30 porte que led. seigneur archeuesque aussy visite la paroisse de s.t Front ou il couche aveccq son train aux despens dudit prieur.

Mont Sempron. — Le 31 porte qu'il seroit alle en celluy de Mont Sempron lequel il auroit aussi visite et y couche deux nuits aveccq son train aux despens dudit prieur et le lendemain 10 dud. moys il seroit alle a Tornon ou il auroit couche a ses despens.

Courtz (Cours). — *Gaillard de Gasc frère de n.re s.t père le pape Clément cinquiesme.* — Le 32 porte qu'il seroit alle au prieure de Courtz et icelluy visite il y couche aveccq son train et le lendemain desd. moys et an en la maison de Gailhard Dugot son frere qui l'y avoit invite.

Alemans et S.t Silvestre de Grassa et de Cambis. (La Grace et Cambes) — Le 33 porte que led. seig.r archeuesque seroit alle au prieure d'Alemans pres du port de Pene et d'illec au port de Pene ou il auroit couche en la maison de l'euesque d'Agen aux despens dud. prieur d'Alemans et de celuy de St Silvestre pres led. port qu'il auroit fait sa visite et, le lendemain il seroit alle au prieure de Grassa qu'il auroit visite et apres s'en seroit retorne a la maison dud. euesque d'Agen ou il auroit couche aveeq son train aux despens desd. prieures de Grassa et de Cambis.

Abbaye d'Aysse (Eysse). — Le 34 porte que led. seig[r] archeuesque se seroit transporte en abbaye d'Aisse dud. diocese ou il auroit aussy annonce la parole de Dieu et couche aveeq son train aux despens dud. abbe.

S.[t] Sacerdos. (Saint-Sardos). — Le 35 porte qu'il seroit alle au prieure de S[t] Sacerdos et presche la parole de Dieu icelluy visite et y couche aveeq son train.

Aiguillon. — Le 36 porte quil seroit alle au prieure dAiguillon aud. diocese icelluy visite et y annonce la parole de Dieu et y couche aveeq son train.

Port S[te] Marie. — Le 37 porte quil seroit alle en celluy du port de S[te] Marie qu'il auroit aussy visite annonce la parole de Dieu et y couche aveeq. son train.

Lezinhac. (Lusignan). —Le 38 porte que ledit seig[r] archeuesque seroit aussy alle en celluy de Lezinhac qu'il auroit aussy uisite et y couche aveeq son train.

Agen. — Le 39 porte quil seroit aussy alle en la ville d'Agen et illec reçu processionnellement par leuesque et chappitre de lad. eglise et auroit couche en la maison episcopale de lad. ville avecq son train aux despens dud. seigneur euesque et le lendemain auroit celebre messe annonce la parole de Dieu confirme et baille tousure a plusieurs et y fait sejourn aux despens du chappitre.

VISITE L'ÉGLISE DE ST-CAPRAIS. — Le 40 porte qu'il seroit alle visiter leglise dud. S. Caprais de lad. ville d'Agen ou il auroit couche en la maison du priore dud. lieu aux despens d'icelluy prieur et de son chappitre.

PRIEURE DE RAYNAUT (?). — Le 41 porte que le 23 juin 1304 led. seigneur archeuesque en visitant led. diocèse d'Agen arriva au prieure des religieuses de Raynaut et illec aiant annonce la parole de Dieu et fait autres choses convenantes a la dignite archiepale il s'en retourna coucher avecq sa famille a la maison du Seig^r euesque d'Agen traitant avec la prioresse dud. prioré et avec le prieur du priore de Dalmeyrac auxquels il auroit envoye un visiteur aussy le lendemain feste de la nativité de S. Jean Baptiste led. Seig^r archeuesque celebra la grand messe en leglise cathedrale d'Agen et prescha la parole de Dieu au peuple et estant invite par le seig^r euesque d'Agen y coucha avecq sa famille a la maison dud. euesque.

PRIEURE DE SALVETE DE FABERIIS (LA SAUVETAT DE FAVIÈRES). — Le 42 porte que led. seig.^r s'est transporte au prieure de la saulvete de Faberes quil auroit dûment visite et couche en i celluy avecq son train.

ABBAYE ST-MAURIN. — Le 43 porte quil se seroit d'illec transporte en labbaye St-Maurin y estant annonce la parole de Dieu au peuple et fait autres fonctions apartenant au droit et debvoir de visite et le lendemain auroit encore demeure aud. lieu en estant requis et invite par labbe.

Pomavic (Pommevic). — Le 44 porte que led. seign.[r] seroit alle au prieure de Pomavic pres dAutvillar et y celluy auroit deuement visite et y couche avecq sa famille aux despens du prieur le 28 de juin aud. an.

Hault Villar (Auvilars). — Le 45 porte que led. seig.[r] archeuesque seroit alle au prieure de Hault Villar et illec celebre le S.[t] sacrifice de la messe et y annonce la parole de Dieu et deuement fait la visite et y couche avecq ses domestiques ez maisons du chappitre dud. lieu aux despens dud. prieur.

Golfoech (Golfec). — Le 46 porte que led. seigneur archeuesque se seroit transporte au lieu de Golfoech maison des templiers ou estant il auroit este processionnellement receu et apres avoir visite leglise dud. lieu avoir couche avecq son train aux despens du commandeur dud. lieu.

Salvanhan — Leyrac (Sauvagnas). — Le 47 porte que le premier jour de juillet aud. an le seigneur archeuesque seroit parvenu en la maison des hospitaliers S[t] Jean de Hierusalem au lieu de Salvanhan et illec receu processionnellement et pource qu'il estoit tard il y coucha et paracheva sa visite le lendemain et y sejourna aux despens du commandeur et d'illec alla au prieure de Leyrac ou il coucha avecq son train aux despens dud. prieur et visita l'eglise dud. lieu.

Astefort. — Le 48 porte que led. seigneur archeuesque

se seroit transporte au prieure dAsteford qu'il auroit deuement visite et ce fait seroit retourne aud. lieu de Leyrac et y auroit couche avecq son train aux despens du prieur de Leyrac aiant charge dud. prieure dAstefort.

(*Le n° 49 est omis. Il était vraisemblablement formé de l'article de Leyrac, compris dans le précédent.*)

GAULENS (GOULÈNE). — Le 50 porte que led. Seigneur se seroit transporte au prieure de Gaulens quil auroit aussy deuement visite et y fait tous les actes requis pour lad. visite et y sejourne avecq son train jusques au lendemain.

MAISON-DIEU. — Le 51 porte que led. Seigneur reverend archeuesque se seroit transporte à la maison Dieu apartenant aux hospitaliers St-Jean de Hierusalem et i celle visite et exerce tous actes y requis et y sejourne avecq son train jusques au lendemain au despens du commandeur.

ROMEU (LARROUMIEU). — Le 52 porte que led. Seigneur reverend seroit alle au prieure de Romeu visite leglise dud. lieu en icelle annonce la parole fait sejour jusques au lendemain avecq son train ez maisons dun bourgeois du lieu aus despens du prieure.

ABBAYE DE CONDOM. — Le 53 porte que led. Seig^r se seroit achemine en labbaye de Condom dud. diocese d'Agen et illec celebre messe annonce la parole de Dieu et fait aultres fonctions accoutumées en visitaon et y sejourne avecq son train aux despens de labbaye.

MEDICIN (MEZIN). — Le 54 porte que led. Seigneur seroit alle au prieure de Medicin quil auroit aussy deuement visite y fait sejour jusques au lendemain aux despens dud. prieur.

Nerac. — Le 55 porte que led. Seig^r archeuesque seroit alle au prieure de Nerac icelluy deuement visite et y sejourne jusques au lendemain aux despens dud. prieur.

Argenton. — Le 56 porte que ledit seigneur seroit alle en la maison de Argenton et y auroit este receu processionnellement et illec visite lad. maison apartenant aux Templiers ou il auroit sejourne avec son train jusques au lendemain aux despens du commandeur.

Abbaye de Paravis. — Le 57 porte que led. seigneur seroit parvenu au monastere appelle du Paravis pres le port de sainte Marie qu'il auroit visite et y fait aultres actes requis et y fait sejour avecq. son train en la maison dud. lieu aux despens dud. doyen.

Prieure de Buzet. — Le 58 porte que led. seigneur seroit alle au prieure de Buzet y auroit annonce la parolle de Dieu et aultres fonctions archiēpales et sestre retire au lieu de Damazan avecq son train ou il auroit sejourne jusques au lendemain.

Lemas. — Le 59 porte que ledit seigneur seroit aussy alle au prieure du Mas et y annonce la parole de Dieu et y fait aultres actes de visite et sejourne en icelluy avecq son train jusques au lendemain aux despens du prieur et chappitre dud. lieu.

DIOCESE DE PERIGEUX.

Saint-Paxans (?). — Le 60 porte que led. seigneur se seroit transporte le premier de septembre au prieure de St-Paxans et entre au diocese de Perigort et en iceluy annonce la parole de Dieu au peuple et y fait tous actes requis au droit de visite et apres estre alle à Bonnefaire maison des Templiers dud. diocese de Perigort ou auroit sejourne jusques au lendemain avecq son train aux despens du prieure dud. St-Paxans.

Montcaret. — Le 61 porte que led. seigneur seroit alle au prieure de Montquaret aud. diocese y annonce la parole de Dieu et fait aultres actes de visite et apres sestre transporte aud. lieu de Bonnefaire en la maison desd. Templiers aux despens dud. prieur de Montcaret.

St-Medart. — Le 62 porte que led. seigneur seron alle visiter le prieure de St Medart y annonce la parole de Dieu et icelluy visite deuement le tiers de septembre 1304 le mesme jour estre alle au Fleys avecq son train ou il auroit sejourne au despens du prieur dud. St Medart.

Lopchac et Gurson. — Le 63 porte que led. seigneur seroit aussy alle a Lopchac annonce la parole de Dieu et fait aultres actes de visitation et sejourne aud. lieu avecq. son train aux despens du prieur dud. lieu et de celluy de Gurson quil auroit envoye visiter ce mesme jour.

Le Fleix et Montfaucon. — Le 64 porte que led. seigneur seroit arrive au prieure du Fleix ou il auroit annonce la parole de Dieu et fait aultres actes de visite y sejourne avecq. son train jusques au lendemain et le mesme jour fait visiter celluy de Montfaucon.

Galli assati — de Pizou. — Le 65 porte qu'il seroit aussy alle au prieure de Galli assati annonce la parole de Dieu en icelluy et fait tous aultres actes de visite et le mesme jour envoye des visiteurs aux prieurs du Pizou de Valence et St Saturnin pour les visiter.

Paracol (Parcou). — Le 66 porte que led. seigneur seroit aussy alle ay prieure de Paracol le 4 septembre y sejourne avec sa famille jusques au lendemain et led. jour envoye ses visiteurs au prieure de Gardadels et de S. Michel de Clusa [1] pour les visiter et le lendemain avoir aussy envoye ses visiteurs a celluy de Pech Magal pour le visiter aux despens dud. prieur et auroit audit prieure [2] est aussy porte quil auroit envoye visiter le prieure de Champmartin.

St-Privat. — Le 67 porte que led. seig^r. archeuesque se seroit transporté au prieure de St-Privat et en icelluy annonce la parole de Dieu et fait aultres actes apartenant à l'office de visite et y auroit sejourne avecq son train le jour qu'il y seroit arrive aux despens dud. prieure et led. jour auroit envoye ses visiteurs au prieure de Ste Aulaye et Deschornhac pour les visiter et le lendemain auroit en-

[1] C'est Saint-Michel-de-l'Écluse.

[2] Il y a ici quelques mots oubliés; la phrase n'est pas terminée.

voyé sesd. visiteurs au prieure de Chalais pres Ribeyrac et du Bousquet et sejourne aveq son train au bourg de St-Privat aux despens du prieur de Chalais.

Sourzac. — Le 68 porte que led. seig[r] archeuesque seroit arrive au prieure de Sourzac et illec annonce la parole de Dieu et fait aultres fonctions d'archeuesque y sejourne aveq son train jusques au lendemain aux despens dud. prieur le 11 septembre audit an 1304 et le lendemain pour se recréer avoir sejourne aud. lieu a ses despens et envoye ses visiteurs au prieure de St-Medart pres Mussidan et de Maureux.

Bragerac. — Le 69 porte que led. seig[r] archeuesque se seroit transporte au prieure de St-Martin de Bragerac et en icelluy annonce la parole de Dieu et fait tous actes requis en semblable cas et sejourne aud. lieu jusques au lendemain et led. jour de lendemain y avoir sejourne a ses despens envoye ses visiteurs ez prieures de Pompornio et de Ribanhac (Pomport et Ribagnac).

Prevoste de Thelenac. — Le 70 porte que led. seig.[r] archeuesque seroit alle a la prevoste de Thenolat (Trémolat) et illec annonce la parole de Dieu et fait aultres actes requis au droit de visite avoir sejourne aud. lieu aveq sa famille aux despens dud. prevost et le mesme jour avoir envoye ses visiteurs visiter le prieure de la Monzie pres Bragerac et de la Vernha et de Guilgorsa.

Prevoste de Palnat (Paunat). — Le 71 porte que led. seigneur se seroit transporte a la prevoste de Palnac icelle visite deuement et y sejourne jusques au lendemain aveccq son train aux despens dud. prevost.

Chosa (Couze). — Le 72 porte que led. seigneur le 17 septembre 1304 se seroit transporte au prieure de Chosa aud. diocese et illec annonce la parole de Dieu et y fait autres actes en tels cas accoustumez sejourne jusques au lendemain aux despens dud. prieur.

Yssigeac. — Le 73 porte que led. seigneur archeuesque auroit aussy visite le doyenne de Yssigeac bien et deuement sejourne jusque au lendemain aveccq son train aux despens dud. doyen et led. jour auroit envoye ses visiteurs aux prieures des mostiers et de S.t Germain et y avoir sejourne le jour du samedy (19 *septembre*) aux despens des prieurs de Puy guilhem et S.t Nazar quil auroit fait visiter led. jour.

Sedilhac. — Le 74 porte que led. seigneur archeuesque seroit arrive au prieure de Sedilhac y presche la parole de Dieu et y fait aultres actes en tels cas requis y sejourne aveccq sa famille aux despens dudit prieur et led. jour avoir envoye ses visiteurs au prieure de S.te Aulaye.

Aymet et Tenac. — Le 75 porte que led. seigneur d'illec seroit alle au prieure d'Aymet annonce la parole de Dieu en icelluy et y administre les sacremens fait sejour aud. lieu aveccq son train aux despens dud. lieu et le mesme iour envoye ses visiteurs au prieure de Tenac.

S.t Pasteur. — Le 76 porte que ledit seigneur archeuesque se seroit transporté au prieure de S.t Pasteur y avoir annonce la parole de Dieu icelluy visite et y sejourne avecq son train aux despens dud. prieur.

St Aubin. — Le 77 porte que led. seigneur seroit alle au prieure de St Aubin et illec annonce la parole de Dieu visite led. prieure et y sejourne jusques au lendemain.

Rius. — Le 78 porte que led. seig.[r] seroit arrive au prieure de Rius icelluy veu et visite et y fait tous actes requis et necessaires y sejourne avecq sa famille au lendemain et led. jour avoir envoye ses visiteurs au prieure de Cauzac pour le visiter.

S.[t] Avit le Vieux. — Le 79 porte que led. seig.[r] archeuesque continuant sa visite aud. diocese de Perigort seroit parveneu au prieure de S.[t] Avit le Vieux ou il fust receu processionnellement et continuant sa visitaon jusques au lendemain ou il demeure a ses despens et le lendemain jour de dimanche 27 de septembre avoir paracheve sa visite aiant fait tous les actes pour ce requis et necessaires et le lendemain 28 dud. moys de septembre demeure aud. prieure a ses despens pour se recréer, et avoir envoye ses visiteurs aux prieures de Ste Foy de Longvau (de Longas) et dosme pour les visiter.

Belvès. — Le 80 porte que led. seig.[r] se seroit achemine au prieure de Belves illec annonce la parole de Dieu et apres avoir celebre la messe confere la confirmation et fait autres actes apartenant à la charge de visite avoir sejourne avecq son train a la maison dun bourgeois aux despens du prieur dud. lieu.

ALBUG (LE BUGUE, en latin Albugia). — Le 81 porte que led. seig.r archeuesque le premier jour d'octobre dud. an 1304 seroit alle en labbaye des religieuses dAlbug y annonce la parole de Dieu et fait aultres actes de visitation sejourne aud. lieu aveccq. son train et en contemplaon de la piete avoir remi a labbesse (*un mot illisible*) la procuration et avoir paye de sa propre bourse et le vendredy (2 *octobre*) ensuyvant avoir demeuré audit lieu a ses despens et de ceulx des prieures de Tageac (TAYAC) et de St Xrofle quil auroit fait visiter led. jour.

St CYPRIEN. — Le 82 porte que led. seig.r archeuesque visitant led. diocese de Perigort seroit parvenu au prieure S.t Cyprien qu'il auroit visite deuement et fait les actes a ce requis et necessaires.

CESSAC — MONDOME. — Le 83 porte que led. seig.r archeuesque auroit aussy visite le prieure de Cessac pres le Mont de Dome et y fait tous actes a ce requis et necessaires et le lendemain jour de lundy estre monte a leglise dud. Mont Dome et apres avoir ouy messe avoir annonce la parole de Dieu au peuple avoir confere la confirmation et tonsure a plusieurs et pour ce que led. prieur de Cessac auroit refuse de recevoir led. seigneur comme il debvoit et a cause de la violence quil avoit use aveccq armes et violent injure faite avec effusion de sang au cimetiere dudit prieure en lès personnes de messire Helie de Bosco, prebstre et chappelain dudit archeuesque fust par icelluy seig.r archeuesque excommunie et denonce pour excommunie aveccq les denommez leurs complices.

Sarlat. — Le 84 porte que led. seigneur seroit alle en labbaye de Sarlat quil auroit visite et en icelle fait tous actes requis en tel cas sejourne aud. lieu avecq son train ez despens de labbe et led jour avoir envoye ses visiteurs aux prieures de N.re dame de Sarlat de S.t Quentin de Caneta (La caneda) et de Montignac qui n'auroient volu recevoir les dits visitateurs ainsy qu'ils auroient rapporte aud. seig.r archeuesque.

S.t Amand. — Le 85 porte que led. seig.r archeuesque seroit arrive le 7 dud. moys d'octobre au monastere S.t Amand de Camera (Saint-Amand de coli) et aud. lieu fait exercer deuement la charge et office de visite sejourne en icelluy avecq. son train aux despens de l'abbe.

Terrasson. — Le 86 porte que led. seig.r archeuesque seroit aussy alle en labbeïe de Terrasson qu'il l'auroit aussy visitee annoncé la parolle de Dieu en icelle, usé de confirmation, coercition, reformation et faict aultres actes appartenants et dependants du debvoir de visiteur fait sejour en lad. abbaye jusques au lendemain avec son train aux despens dud. abbe et led. jour avoir envoye ses visiteurs au prieuré S.t Leonard et en la commanderie de Lodornac esquels lieux on ne les voleust recepvoir.

Abbaye de Castres. — Le 87 porte que led. seig.r archeuesque seroit aussy alle en labbaie de Castres annoncé la parolle de Dieu en icelle, confirmé corrigé reforme baillé tonsure et faict aultres actes dependants du droit de visitaon sejourné aud. lieu avec son train aux despends de labbe dud. lieu et ce jour avoir envoye ses visitateurs au prieure de S.t Julien de Terrasson.

Perigeux. — Le 88 porte que led. seig.[r] archeuesque seroit entré en la ville et cité de Perigeux et avoir este logé ez maisons espicopales de lad. ville séjourné en icelle avec sa famille aux despens de l'evesque dud. lieu et le lendemain jour de dimanche avoir faict sa visitation en l'eglise cathedrale celebre la grand messe annonce la parolle de Dieu confirme plusieurs et baille la tonsure à 4 escoliers et avoir deuement accomply le deubt de visitaon : avoir couché un'aultre nuict en lad. maison episcopale avec son train aux despends du chapitre de lad. eglise : le lundy suivant estre allé à l'eglise St Front y avoir aussi celebré la grand messe, annoncé la parole de Dieu confirmé et baillé la tonsure a plusieurs et faict aultres actes de visitaon et y sejourné avec sa famille jusqu'au lendemain aux despends dud. chapit.[e] de St-Front.

Abbaye de St Hastier (St Astier). — Le 89 porte que le 13 d'octobre susd. le S.[r] archeuesque seroit arrivé en l'abbeïe de s.[t] Hastier et illec apres avoir annoncé la parole de Dieu auroit confirmé plusieurs et faict aultres actes appertenants au debvoir de visite et coucha aud. lieu avec son train aux despends de l'abbé et chapitre et le lendemain bailla la tonsure à plusieurs et y coucha avec sa famille estant invite par l'abbé.

Prieuré de La Fayet. — Le 90 porte que led. seig[r] seroit alle au prieuré de La Faye, ordre de la corone, et illec annonce la parole de Dieu confirmé et tonsuré plusieurs et faict aultres actes de visite : y coucha avec sa famille aux despends du dud. prieur.

Abbaye de Chancelade. — Le 91 porte que led. sejg[r]

archeuesque seroit allé a l'abbeie de Chancelade y annoncé la parole de Dieu, confirmé, tonsuré, corrigé, réformé et fait aultres actes de visite : y avoir couché avec son train aux despens dud. abbé.

Abbaye de Tortoirac. — Le 92 porte que led. seig[r] archeuesque seroit allé à l'abbaye de Tortoirac et apres y avoir annoncé la parolle de Dieu confirmé corrigé, reformé et faict aultres actes de visite y auroit couché avec sa famille aux despends dud. abbé et le lendemain aussy à ses propres despens et d'illec avoir envoyé ses visiteurs au prieure ou prévosté de St Raphael et au priore de Nouaillac et au priore de Barts et le jour ensuivant auroit semblablement couché aud. lieu aux despends du prieur ou prévost St Raphael lequel jour il auroit envoyé ses visiteurs aux priorés de Granges, de Gabilon de Ste Eulaye pour les visiter comm aussi le mercredy suivant et auroit semblablement couché aud. lieu aux despends desd. prieurs.

Prioré de Saint-Ripert. — Le 93 porte que le 22 desd. moys et an led. seig[r] archeuesque seroit arrivé au priore St Ripert et led. jour se seroit repu et sejourné avec sa famille en la maison dud. prieur et le jour en suivant il paracheva sa visite en l'eglise dud. lieu : y prescha, confirma, tonsura et feist aultres actes de visite : enfin pour ce que le prieur dudit lieu ne l'avoit pas receu comme il debvoit l'excommunia avec ses complices et fauteurs et interdict l'eglise et prioré.

Eissideuil (Excideuil). — Le 94 porte que led. seig.[r] archeuesque seroit alle a la prevosté d'Essideuil et illec apres avoir presché, confirmé et faict aultres actes de visite y coucha avec son train aux despends dud. prévost.

Prioré de St Jehan d'Escolle. — Le 95 porte que led. seig[r] archeuesque seroit alle au prieure de St Jehan d'Escolle et illec ayant annoncé la parole de Dieu confirmé, corrigé et reformé et faict aultres actes de visite y coucha avec son train aux despends dud. prieur : et le mesme jour envoya des visiteurs pour visiter les priorés de Soulac et St Nicolas.

Prioré de Mareulneuf. — Le 96 porte que led. seig.[r] seroit arrivé le 25 dud. moys et au prioré de Mareulneuf et illec ayant presché, confirmé, tonsuré et faict aultres actes de visite y coucha avec son train aux despends dud. prieur et à la parfin excomunia led. prieur pour ne l'avoir pas receu comme il debvoit et interdist le prioré et l'eglise et peu apres led. prieur paya la procuration appaisa le tout et vint d'accord avec led. seig[r].

Prioré de Cercles. — Le 97 porte que led. seig[r] seroit alle au prieuré de Cercles et illec auroit presché, confirmé et faict aultres actes de visite : y couché avec son train aux despens dud. prieur et le mesme jour il envoya ses visiteurs au prioré de Granges.

Abbaye de Brantosme. — Le 98 porte que led. Seig[r] archeuesque seroit alle à l'abbaye de Brantosme et illec couché aux despends de l'abbé dudit lieu ; et le lendemain avoit parachevé sa visite confirmant, preschant, corrigeant, reformant et faisant aultres actes de visite : et led. jour y coucha a ses propres despends et avoir envoyé ses visiteurs aux priorés de Bordeille, de Condat, de la chapelle de Montmord et de la chapelle Foulchier pour les visiter.

Prioré de Septfons. — Le 99 porte que led. seig^r archeuesque seroit arrivé au prioré de Septfonds et illec couché avec son train aux despends dud. prieur et le lendemain faict sa visite en l'eglise dud. prioré, presché, tonsuré et faict aultres actes de visite ; et pour ce que le prieur f^re Raimond Ebrard ne l'avoit pas receu comme il debvoit l'excommunia avec plusieurs aultres y denommez qui s'estoient opposés avec led. prieur affin que led. seig^r archeuesque n'entrast pour visiter led. prioré et interdist led. priore et eglise et led. jour envoya ses visiteurs visiter les priorés de Montagrier et de Celles.

Aubeterre. — Le 100 porte que led. seig^r. archeuesque seroit arrivé le dernier dud. moys d'octobre à l'eglise séculière d'Aubeterre aud. diocese et led. jour y auroit couché avec son train aux despends de l'abbé de ce chapitre dud. lieu et le lendemain feste de Toussaincts y avoir célebré la grand messe, presché confirmé, corrigé et reformé et faict aultres actes de visite et y couché avec son train et le lundy apres donné la tonsure, et y sejourna estant invité par Me Helies de la Faye : et le mardy suivant s'en alla vers la Mothe St Pexans.

Prioré de Palnau. — Le 101 porte que led. seig.^r archeuesque avoir esté au prioré de Palnau (Palluaud) et illec presché confirmé et faict aultres actes de visite ; y couché avec son train aux despends dud. prieur et le lendemain y avoir sejourné aux despends des Priorés de Salles et Juillac (Juignac), auxquels il avoit envoyé ses visiteurs.

Egle séculière de Rochebeaucourt. — Le 102 porte que led. seig.r seroit allé à l'église séculière de Rochebeaucourt et illec presché confirmé, corrigé, reformé et faict aultres actes de visite; y couché avec son train aux despends du chapitre dud. lieu.

Prieuré du Peyrat. — Le 103 porte que led. seign.r le 6 de novembre audit an seroit arrivé au Prioré du Peyrat et illec presché célebré messe confirmé, et faict aultres actes de visite; y couché avec sa famille aux despends dud. prieur et led. jour envoyé ses visiteurs aux Priorés S. Severin et de Puifoucault pour les visiter.

Cy comance la visite de leuesche de Poitiers.

Abbaye de Nanteuilh. — Le 104 porte que le 11 decembre aud. an 1304 led. seig.r archeuesque comancant a visiter le diocese de Bourdeaulx[1] est arrive en l'Abbaye de Nanteuilh en laquelle auroit esté receu processionnellement couche en icelle avec son train aux despens de l'abbe et le lendemain avoir fait sa visite en lad. Abbaye en y preschant corrigeant reformant confirmant et tonsurant et faisant aultres actes de visite et avoir les aultres deux nuicts suyvantes sejourne en lad. Abbaye.

Le vieux Ruffec. — Le 105 porte que led. seig.r seroit alle au prieure du vieulx Ruffec ou il auroit sejourne tout le jour avec son train et lendemain avoir annonce la parole de Dieu en leglise dud. prieure confirme et baille ton-

[1] Distraction du copiste, qui a mis Bordeaux pour Poitiers.

sure à plusieurs et fait aultres actes en tels cas requis.

Saint Clément de Ciuray. — Le 106 porte que led. seig.r archeuesque seroit alle au prieuré de Saint-Clement de Civray et demeure aud. prieure led. jour avec son train et le lendemain matin avoir annonce la parole de Dieu au clergé et peuple y assemblez confirme et baille tonsure a plusieurs et fait aultres actes de visitaon.

Abbaye de Charroulx. — Le 107 porte que le d. seigr. seroit alle en l'abbaye de Charroulx et avoir este processionnellement receu en icelle y avoir reste le jour qu'il y seroit arrive et le lendemain y avoir celebre messe annonce la parole de Dieu confirme et baille tonsure et fait aultrés actes en tels cas requis.

Vçon. — Le 108 porte que ledit seigr. seroit alle au prieure de Vçon ou il auroit demeure le jour de son arrivee et le lendemain matin s'estre transporte en leglise dud. prieure presche la parole de Dieu au clerge et peuple y assemblez confirme et baille tonsure a plusieurs et fait aultres actes dependants de la charge de visite.

Gensac (Gençay) — Abbe de Noualiay (Nouillé). — Le 109 porte que led. seigr. seroit alle avec son train au prieure de Gensac sejourne en icelluy un jour et le lendemain avoir annonce la parole de Dieu confirme et tonsure et fait aultres actes de visite et le d. jour estre alle à Ferrebeuf habitaon de labbe de Noaliay en ayant este invite par led. abbe et y avoir couche.

Chasteau Achard. — Le 110 porte que led. seigr seroit

alle au prieure de Chasteau Achard ou y auroit couche et lendemain matin y avoir presche confirme et tonsure plusieurs et fait aultres actes de visitaon.

Vivone. — Le 111 porte que led. seig' seroit allé au prieure de Vivone fait sejour en icelluy et le lendemain matin avoir presche en l'eglise d'icelluy confirme et tonsure plusieurs et fait aultres actes dependans dud. droit de visite.

Comblet. — Le 112 porte que led. seig^r. seroit alle au prieure de Comblet et que le prieur dud. lieu s'en estant fuy et cache n'auroit peu estre trouve le jour de son arrivee. Neantmoins y avoir sejourne et le lendemain led. prieur est venu et s'est soubsmis à la volonte dud. seig' archeuesque lequel seig^r luy auroit remis l'injure quil avoit receue pour navoir este receu honnorablement et avoir annonce la parole de Dieu en leglise dud. presche confirme et tonsure et fait aultres actes de visite vu que le prieur avoit satisffait aux fraiz faicts par led. seig^r le jour précédent.

Lazaneulh. — Le 113 porte que led. Seig^r archeuesque seroit alle au prieure de lazaneulh ou il auroit sejourne le jour de son arrivee et le lendemain matin avoir este en leglise dud. lieu annonce la parole de Dieu au clergé et peuple y assemblez confirme et baille tonsure a plusieurs et fait aultres actes de visite.

La chapelle Montreulh Bonin. — Le 114 porte que led. Seig^r seroit arrive le 22 decembre audit an au prieure de la chapelle de Montreulh Bonin avoir sejourne en icelluy ledit jour et le lendemain matin estre alle a leglise dud. prieure y presche confirme et baille tonsure et fait aultres actes en tels cas requis.

Le 115 porte que led. seig^r. seroit alle au prieure de Montreulh Bonin ou il auroit sejourne aveeq son train un jour et le lendemain continuant sa visite estre alle en leglise dud. prieure y annonce la parole de Dieu tonsure et confirme plusieurs et fait aultres actes de visite.

St-Cyprien. — Le 116 porte que led. seig^r seroit alle en la ville et cite de Poitiers le 24 dud. moys descendu en l'abbaye St-Cyprien ou il auroit couche et le lendemain jour de vendredy feste de la nativité n^{re} seigneur avoir aussy couche aveeq son train aveeq labbe de lad. abbaye y celebre la grand messe corrige reforme annonce la parole de de Dieu confirme tonsure et fait aultres actes dependans de sa visite.

N^{re} dame la grand de Poitiers. — Le 117 porte que visitant lad. ville de Poitiers avoir este en leglise N^{re} Dame la grand y avoir celebre la grand messe presche confirme et baille tonsure a plusieurs et fait aultres actes de visitation et avoir couche en la maison de Mr Jean de Placence Aulmosnier de lad. eglise aux despens de labbe et chappitre d'icelle.

Eglise cathedrale de Poitiers. — Mostier-Neuf. — Le 118 porte que led. seig^r. archeuesque le 27 dud. moys jour de dimanche feste St Jean evangeliste seroit alle en leglise cathedrale St-Pierre de lad. ville de Poitiers celebre en icelle la grand messe sejourne led. jour aveeq son train ez maisons episcopales aux despens de leuesque le lendemain avoir annonce la parole de Dieu en lad. eglise confirme et tonsure plusieurs et led. jour estre allé en labbaye de Mostier Neuf et y avoir este recu processionnellement par labbe et convent dud. monastere avecq son train led. jour aux despens de labbe et convent.

La chapelle de Molere. — Le 119 porte que led. seig.[r] seroit alle au prieure de la chapelle de Molere ou il auroit couche avecq son train et le lendemain matin annonce la parole de Dieu en leglise dud. prieure confirme et tonsure plusieurs et fait aultres actes dependans de sa charge et pour se recreer auroit sejourne aud. lieu à ses despens un jour.

Montor. — Le 120 porte que led. seig.[r] seroit alle au prieure de Montor sejourne en icelluy un jour avecq sa famille et le lendemain matin avoir annonce la parole de Dieu en leglise dud. prieure confirme et fait aultres actes de visite.

Ceniliac (Senillé).— Le 121 porte que led. seigneur seroit alle le premier de janvier au prieure de Ceniliac ou il auroit sejourne led. jour et le lendemain annonce la parole de Dieu confirme et tonsure plusieurs.

Chasteau ayre (Chatellerault). — Le 122 porte que led. seigneur seroit arrive le second dud. mois de janvier aud. an au chasteau eyraud et estre descendu au prieure S.[t] Romain dud. chasteau couche en icelluy avecq son train aux despens dud. prieur et le lendemain y avoir presche confirme tonsure et sejourne aud. prieure aux despens du prieure de S.[t] Iaques dud. chasteau.

Bussiere (Buxeuil). — Le 123 porte que led. seig.[r] seroit alle au prieure de Bussiere ou il auroit couche et le lendemain presche confirme et tonsure plusieurs.

S.[t] Remy. — Le 124 porte que led. seig.[r] seroit alle au prieure de S.[t] Remy ou il auroit couche et le lendemain annonce la parole de Dieu confirme et tonsure plusieurs.

Pozay vieulx. — Le 125 porte que led. s.[r] seroit alle au prieure de Pozay vieulx ou il auroit sejourne aveca son train et le lendemain y avoir annonce la parole de Dieu confirme et tonsure plusieurs.

Mercy Dieu. — Le 126 porte que le seig.[r] seroit alle au prieure de Vic avoir couche en icelluy aveca son train et le lendemain y avoir presche confirme et tonsure plusieurs et le mesme jour estre alle en labbaye de la Mercy Dieu ou il auroit este invite et traite charitablement[1] avecq sa famille par labbe dicelle.

Liurac (Lurais). — Le 127 porte que led. seig.[r] seroit alle au prieure de Liurac ou il auroit annonce la parole de Dieu confirme et tonsure plusieurs et couche avecq son train.

Angles. — Le 128 porte que le mesme seig.[r] seroit alle en labbaye d'Angles y presche et annonce la pa-

[1] Caritativè sans doute, mal traduit par le copiste.

role de Dieu confirme et tonsure plusieurs et couche aveeq son train.

Cubilhac. — Le 129 porte que led. s.r seroit alle au prieure de Cubilhac presche la parole de Dieu confirme et tonsure plusieurs et couche aud. prieure aveeq son train.

Eglise de Mortemer. — Le 130 porte que led. seig.r seroit arrive le 12 dud. moys de janvier aud. an en leglise de Mortemer en laquelle auroit presche confirme et tonsure plusieurs et y couche aveeq son train procuraon avec le chapitre dud. lieu.

St Savin — Joets et Concisa (Jouhet et Concise). — Le 131 porte que led. seig.r seroit alle en l'abbaye de S. Savin couche en icelle et le lendemain après avoir corrige reforme confirme tonsure et fait aultres actes de visite y auroit encore couche aveeq son train par double procuraon et le jour suyvant avoir encore sejourne aud. lieu aux despens des prieures de Joets et de Concisa lesquels il auroit envoye visiter auxquels a cause de la tempeste qui avoit este sur leurs benefices remit une procuraon de deux qu'ils en debvoient.

A la Tremouille. — Le 132 porte que led. seig.r seroit alle au prieure de Tremouille annonce la parole de Dieu en icelluy confirme et tonsure et fait aultres actes.

Lasture (Lathus). — Le 133 porte que led. seig.r archeuesque seroit arrive le 17 janvier 1304 au prieure de Lasture y presche confirme tonsure et couche aveeq son train.

Montmoreau (Montmorillon). — Le 134 porte que led. seig.r archeuesque seroit alle au prieure de S.t Martial de Montmoreau y couche annonce le lendemain la parole de Dieu confirme et tonsure plusieurs et de la estre alle a l'aumosnerie dud. lieu ou auroit este invite par le prieur et y couche aveq sa famille et le lendemain matin confirme et tonsure.

Saugey (Saugé). — Le 135 porte que led. seig.r seroit alle au prieure de Saugeay ou il auroit couche aveq son train annonce la parole de Dieu confirme et tonsure plusieurs.

Placence. — Le 136 porte que led. seig.r seroit alle au prieure de Placence couche en icelluy aveq son train et le lendemain avoir este en leglise dud. prieure y presche confirme et tonsure plusieurs.

Luchac (Lussac). — Le 137 porte que led. seigneur seroit alle au prieure de Luchac ou il auroit couche aveq son train et le lendemain este en leglise dud. prieure presche confirme et tonsure plusieurs.

Mazerolles. — Le 138 porte que led. seig.r seroit alle au prieure de Mazerolles ou auroit couche et le lendemain matin este en leglise dud. prieure presche confirme et tonsure.

Grand Cauina. — Le 139 porte que led. seig.r archeuesque seroit alle au prieure de Grand Cauina couche en icelluy aveq son train et lendemain estre alle en leglise dud. prieure presche et confirme.

Boesse. — Le 140 porte que led. seig.r seroit alle le 25 janvier 1304 au prieure de Boesse couche en icelluy avecq son train le lendemain estre alle en leglise dud. prieure presche confirme et tonsure et fait aultres actes de visite.

Sales. — Le 141 porte que led. seig.r seroit alle au prieure de Sales y couche avecq son train et le lendemain estre alle en leglise dicelluy presche confirme et tonsure et faict aultres actes de visite.

Quinssiac als des Vmbres (S.t Benoit de quinçay). — Le 142 porte que le d. seig.r seroit alle en labbaye de S.t Benoist de Quinsiac aultrement appellée des Vmbres ou il auroit sejourne deux jours par double procuraon aux despens de labbe et pendant son sejour presche corrige reforme et confirme et fait aultres actes de visite.

Legugeay (Ligugé). — Abbaye du Pin. — Le 143 porte que led. seig.r seroit alle au prieure de Legugeay et illec presche la parole de Dieu confirme tonsure et couche avecq son train aux despens dud. prieur et le lendemain estre alle en labbaye du pin ordre de Cisteaulx ou par hospitalite feust receu et y coucha avecq son train.

Vauxelle. — Le 144 porte que led. seigneur seroit arrive le dernier de janvier au prieure de Vauzelle ou auroit annonce la parole de Dieu confirme et tonsure et fait aultres actes de visite et y couche avecq son train aux despens dud. prieur.

Chalandray. — Le 145 porte que led. seig.r seroit alle au prieure Chalandray y annonce la parole de Dieu confirme tonsure couche en icelluy aveсq sa famille le premier de febvrier audit an 1304.

St Laurent de Pertiniac (Parthenay-le-Vieux). — Le 146 porte que led. seigneur seroit alle au prieuré de St Laurent et illec celebre messe et presche et le lendemain y sejourne tonsure et confirme et fait sa visite et y demeure led. jour aux despens du recteur *de Villa* quil auroit envoye visiter et le quatriesme dud. moys visite confirme et tonsure en leglise du Sepulcre et par apres alle au prieure S. Jaques de Pertiniac le vieulx et y continue sa visite jusques au lendemain et le lendemain cinquiesme de febvrier alla au prieure de St Paul de Pertiniac ou il continue sa visite et le lendemain sixiesme dud. moys il acheva sa visite en leglise dud. prieure et sejourna illec aux despens du chappitre et chanoine Ste Croix de Pertiniac lesquels il avoit envoye visiter.

Gorge (Gourgé). — Le 147 porte que led. seigneur seroit alle au prieure de Gorge ou il auroit annonce la parole de Dieu confirme et tonsure et fait aultres actes de visite et y auroit couche aveсq son train aux despens du prieur desd. lieux et de ceulx de la peyrate et de la meyre et le lendemain baille la tonsure aud. lieu.

Aurival (Airvault, en latin Aurea Vallis). — Le 148 porte que led. seig[r]. seroit alle en l'abbaye daurival ou il auroit couche led. jour et lensuyvant aveсq. son train et durant led. temps il acheva sa visite corrigeant reformant confirmant tonsurant et faisant aultres actes de visite.

St-Jouin de Marnis (St Jouin de Marnes). — Le 149 porte

que led. seigneur archeuesque seroit alle en l'abbaye de St Jouin de Marnis ou il auroit couche deulx nuicts avec son train par double procuraõn de labbe et convent illec presche et fait aultres actes de visite.

Marnis (Marnes). — Le 150 porte que led. seig^r. seroit alle en l'eglise de Marnis y presche confirme et tonsure et led. jour envoye ses visiteurs en celle de S. Generaix qui doibt demy procuraõn et auroit couche avec son train au lieu de Marnis aux despens du recteur.

Monchaut. — Le 151 porte que led. seig^r. seroit alle au prieure de Monchaut couche en icelluy avecq sa famille et le lendemain este en l'eglise dud. lieu annonce la parole de Dieu confirme tonsure et fait aultres actes de visite.

Salve (St Jean de Sauves ?). —Le 152 porte que led. seigneur archeuesque seroit arrive le 14 dud. moys de febvrier aud. an au prieure de Salve ou il auroit couche avecq son train et le lendemain este en l'eglise dud. prieure y presche confirme et fait aultres actes.

Crageon. — Le 153 porte qu'il seroit arrive au prieure de Crageon ou il auroit couche avec son train et le lendemain y avoir annonce la parole de Dieu confirme tonsure et fait aultres actes de visite.

Mirabeau. — Le 154 porte que led. seig.^r seroit arrive au prieure de Mirabeau et illecques avoir premierement visité celui de Verdelay et apres cellui de St Andre dud. Mirabeau et continuant sa visite au lendemain auroit couche avecq son train aud. Mirabeau, et y avoir sejourne aux despens du recteur et cures des eglises dud. Mirabeau lesquelles il avoit envoye visiter.

Coillac (Celle). — Le 155 porte que led. seig.r archeuesque seroit alle au prioré de Coillac presche la parole de Dieu en iceluy confirme et tonsure plusieurs et le mesme jour estre alle au prieure de Celle ou auroit couche avec son train aux despends du prieur et le lendemain presche la parole de Dieu confirme et tonsure et fait aultres actes de visite.

Notre-Dame de Lodun. — Le 156 porte que led. seign.r seroit alle au prioré de Nre Dame de Lodun couche avec son train en la maison de certain gentilhomme dud. Lodun aux despends du prieur et le lendemain avoir sejourne aud. lieu aux despends du cure et le lendemain avoir annoncé la parolle de Dieu en leglise Ste Croix confirme et tonsure plusieurs et le jour suivant avoir séjourne en lad. maison aux despends du chapitre S.t Leger de lad. ville et icelle visite.

Arsac (Arçay). — Le 157 porte que led. seigneur seroit alle au prioré d'Arsac couche en icelluy avecq son train et y avoir le lendemain presche et fait aultres actes de visite.

Bornan. — Le 158 porte que led. seigneur seroit alle au prieure de Bornan couche en icelluy aux despens dud. prieur et le lendemain avoir visite trois abbayes avec les chappelles dud. lieu et le jour suivant avoir este visiter le prieuré de Molcon sur la Dive aux despens dud. prieuré et le lendemain avoir este visiter le prieure de Meron aux despens dud. prieur et le jour suyvant avoir este visiter le prieuré de Moutreulh Berlay aux despens du prieur et le lendemain lundy devant les cendres (1 *mars*) avoir entré dans Thouars et visite l'abbaye St Lany (S. Laon de Thouars, en latin *Sanctus Launus*) aux despens de labbé.

St Jean de Bonneval (de Bonnes-Vaux). — Le 159 porte que led. seig^r seroit arrive le second de mars aud. an en labbaye des religieuses St Jean de Bonneval près Thouars qu'il auroit visitée et y couche aux despens de labbesse et convent.

St Pierre de Touars. — Le 160 porte que led. seig^r auroit visite leglise St Pierre de Touars aux despens du doyen et chappitre de lad. eglise.

Chambon. — Le 161 porte que led. seig^r auroit visite labbaye de Chambon en icelle annonce la parole de Dieu et fait aultres actes de visitaon et couche aveeq son train.

Siege Brinhon (la Sie en brignon, en latin, de Sede Brignoni). — Le 162 porte que led. seig^r seroit alle visiter labbaye de Siege Brinhon presche la parole de Dieu et fait aultres actes de visite et couche aveeq son train.

Ferrieres. — Le 163 porte que led. seig^r seroit alle en labbaye de Ferrieres couche en icelle aveeq son train et le lendemain avoir annonce la parole de Dieu confirme et tonsure.

Puy N^{re} dame. — Le 164 porte que led. seig^r seroit alle au prieure du puy n^re^ dame ou il auroit annoncé la parole de Dieu et y fait aultres actes de visite et couche avecq son train.

Du Berche (Les Verchers). — Le 165 porte que led. seig^r^ seroit alle au prieure du Berche y couche avecq son train et le lendemain annonce la parole de Dieu confirme et fait aultres actes de visite.

Concosomo (Concourson). — Le 166 porte que led. seig^r^ seroit alle au prieure de Concosomo couche en icelluy avecq son train et y avoir le lendemain presche confirme et fait aultres actes de visite.

Monts des Eglises (Montilliers, en latin, Mons ecclesiarum). — Le 167 porte que led. seig^r^ seroit alle au prieure des Monts des Eglises couche en icelluy avecq son train et avoir envoye ses visiteurs au prieure de Passaven pour le visiter et le lendemain avoir annonce la parole de Dieu en leglise du prieure des Monts des Eglises confirme tonsure et couche aux despens du prieur de Passaven.

D'Iviers (Vihiers). — Le 168 porte que led. seig^r^ auroit aussy visite le prieure de n^re^ dame de Viers couche en icelluy avecq son train et le lendemain presche confirme et tonsure plusieurs.

Corromo (Coron) — Trementine — Latour-Landry). — Le 169 porte que led. seig^r^ seroit alle au prieure de Corromo ou il auroit couche avecq son train et led. jour auroit fait visiter les prieures de Vezins de Chanteloup et de Crementines et de Tour Landrie et en continuant sa visite aud.

prieure de Corromo le lendemain auroit presche en icelluy confirme et tonsure plusieurs.

CHOLET. — Le 170 porte que led. seig.r seroit arrive le 14 mars au prieure de Cholet couche en icelluy avecq son train et le lendemain y presche confirme tonsure et fait aultres actes de visite.

BELLEFONT. — Le 171 porte que led. seigneur seroit alle en l'abbaye de Bellefont couche en icelle avecq son train et le lendemain presche la parole de Dieu confirme et tonsure et fait aultres actes de visite.

MORTAIGNE. — Le 172 porte que led. seigneur auroit visite le prieure de Mortaigne, couche en icelluy avecq son train et le lendemain y avoir presche confirme et tonsure et fait aultres actes de visite.

TIFFOGES. — Le 173 porte que led. seig.r archeuesque seroit alle au prieure de Tiffoges couche en icelluy avecq son train ez maisons du castelan et le lendemain y presche la parole de Dieu confirme tonsure et fait aultres actes de visite.

MONTAIGU. — Le 174 porte que led. seigneur seroit alle au prieure de S. Georges pres Montaigu y couche et le lendemain presche, confirme et fait aultres actes de visite.

MONTAIGU. — Le 175 porte que led. seig.r seroit alle au lieu de Montagu couche en icelluy avecq son train ez maisons des doyen et prieur et le lendemain 20 dud. moys de mars avoir sejourne aud. lieu, presche la parole de Dieu, confirme et fait aultres actes de visite.

Rocheservier. — Le 176 porte que led. seigneur seroit alle au prieure de Roche Serviere couche en icelluy avec sa famille le lendemain y presche la parole de Dieu et y avoir sejourne led. jour a ses despens et baille la tonsure à quelques enfans.

Chavanhes. — Le 177 porte que led. seigneur seroit alle au prieure de Chavanhes ou il auroit couche avecq son train et le lendemain annonce la parole de Dieu et fait aultres actes de visite.

Granatiere. — Le 178 porte que led. seigneur seroit alle en labbaye de Granatiere couche en icelle avec son train et le lendemain y presche la parole et fait aultres actes de visite.

St Pierre des Alberts (Les Herbiers). — Le 179 porte que led. seigneur seroit arrive le 25 de mars 1305[1] au prieure

[1] Le traducteur, qui a suivi jusqu'ici l'ancien style, en attribuant les mois de janvier et février à l'année 1304, semble adopter le nouveau dans cet article, en rapportant le 25 de mars à l'année 1305, tandis que cette année ne commença, selon l'ancien style, que le jour de Pâques, 18 avril. Ceci ne peut pas être une simple inadvertance ou une erreur de transcription, car, aux articles 189, 190 et 194, il rapporte encore à l'année 1305 les journées des 6, 7 et 12 avril. Il faut en conclure que la traduction est postérieure à la réforme de 1564, qui fit commencer l'année au 1er janvier. L'écriture du manuscrit paraît en effet appartenir à cette époque, et on pourrait en placer la date entre les années 1570 et 1580.

de S. Pierre des Alberts y annonce la parole de Dieu confirme et tonsure plusieurs et fait aultres actes de visite.

BLANCHE PIERRE. — Le 180 porte que led. seigneur seroit alle au prieure de Blanche Pierre couche en icelluy avecq son train et le lendemain y avoir annonce la parole de Dieu confirme et fait aultres actes de visite.

PODAUGES (POUZAUGES). — Le 181 porte que led. seigneur seroit alle au prieure de Podauges en icelluy couche avec sa famille au chasteau du seigneur dud. lieu aux despens du prieur dud. lieu et du recteur de leglise S[t] Jaques du mesme lieu et le lendemain avoir annonce la parole de Dieu confirme et fait aultres actes de visite.

CAVEFAYE (CHEFFOY). — Le 182 porte que led. seigneur seroit alle au prieure de Cavefaye y couche avecq son train et le lendemain annonce la parole de Dieu confirme et tonsure et fait aultres actes de visite.

MAULEON. — Le 183 porte que led. seigneur seroit alle au prieure de Mauleon y avoir couche avecq son train et le lendemain y presche la parole de Dieu confirme et fait aultres actes de visite.

BEZAUGES (BAZOGES). — Le 184 porte que led. seigneur seroit alle au prieure de Bezauges quil auroit visite et le jour suyvant avoir visite celluy de Vouvans et le lendemain celluy de S. Morice de Noix.

ABSIE EN GASTINIOIS (EN GASTINE). — Le 185 porte que led. seigneur seroit alle en labbaye d'Absie en Gastine couche en celle avecq son train et le lendemain presche confirme et tonsure et fait plusieurs actes de visite.

S.[t] Paul de Gastinois. — Le 186 porte que led. seigneur alla visiter le prieure de S.[t] Paul de Gastine y presche la parole de Dieu confirme et fait aultres actes de visite couche en icelluy avecq son train.

Buselle (Busseau). — Le 187 porte que led. seig.[r] seroit alle au prieure de Busselle couche en icelluy avec son train et le lendemain y annonce la parole de Dieu confirme et tonsure et fait aultres actes de visite.

Bunhac (Le Buignon). — Le 188 porte que led. seig.[r] seroit alle au prieure de Bunhac et illec auroit couche et le lendemain y avoir annonce la parole de Dieu confirme tonsure et fait aultres actes de visite.

Dardino (Ardin). — Le 189 porte que ledit seigneur seroit arrive le sixiesme apvril audit an 1305 au prieure d'Ardino ou auroit couche avecq son train lendemain annonce la parole de Dieu confirme tonsure et faict actes de visite.

Xaintes (Xanton). — Le 190 porte que ledit seigneur seroit arrive le septiesme d'apvril 1305 au prieure de Xaintes couche en icelluy avecq son train et le lendemain y avoir annonce la parole de Dieu et faict aultres actes de visite.

Saint-Michel du Claux. — Le 191 porte que ledit seigneur seroit alle au prieure St.-Michel-Duclaux près Fontenay couche en ycelluy avec son train et le lendemain (9 *avril*) y avoir presche confirme tonsure et faict aultres actes de visite.

N.-D. de Fontenay. — Le 192 porte que ledit seigneur seroit alle (le 10 *avril*) au prieure de Notre-Dame-de-Fontenay couche en ycelluy avecq son train et le lendemain y avoir annonce la parole de Dieu qui estoit le jour des Rameaux (11 *avril*), et avoir sejourne ledit jour audit lieu aux despens du prieure de Saint-Hilaire dudit Fontenay.

Ozay (Auzais). — Le 193 porte que ledit seigneur seroit alle visiter le prieure de Ozay couche en ycelluy avecq son train et le lendemain presche confirme tonsure et faict aultres actes de visite.

Marchay (Marsais). — Le 194 porte que ledit seigneur seroit alle au prieure de Marchay couche en icelluy avecq son train et le lendemain annonce la parole de Dieu confirme et tonsure et faict aultres actes de visite le 12 apvril 1303.

Hermeneaud. — Le 195 porte que ledit seigneur seroit arrive le 13 apvril au prieure de Hermenaud couche en icelluy avecq son train y presche le lendemain (14 *avril*) confirme tonsure et faict aultres actes de visite.

Mozon (Mouzeuil). — Le 196 porte que ledit seigneur seroit alle (le 15 *avril*) au prieure de Mozon couche en icelluy avecq son train et le lendemain jour de Vendredy-Saint (16 *avril*) avoir demeure audit lieu à ses despens et le samedi veille de Pasques annonce la parole de Dieu confirme tonsure et faict aultres actes de visite.

Lusson. — Le 197 porte que ledit seigneur seroit alle en l'abbaye de Lusson et y avoir este receu avecq grand joye et musique instrumens orgues cimbales sonantz et autre grand solemnite couche audit lieu avecq son train et le lundy de Pasques avoir presche confirme et tonsure et faict aultres actes tant au chapitre que hors icelluy avoir couche audit lieu ledit jour a ce invite par labbe

Moustiers. — Le 198 porte que ledit seigneur seroit alle au prieure des Mostiers sur Ledam couche en icelluy avecq son train et ledit jour avoir envoye visiter le prieure de St-Jovin et celui de St.-Martin l'Ars de *Calheria* de *Jaudhoneria* (la Caillère, la Jaudonière) et le lendemain annonce la parole de Dieu en l'eglise dudit prieure de Mostiers confirme et tonsure.

Bellenoe. — Le 199 porte que ledit seigneur auroit visité le 20 apvril (*mardi de Pâques*) le prieure de Bellenoe couche en ycelluy avecq son train et le lendemain (21) annonce la parole de Dieu et faict autres actes de visite.

St-Michel in Heremo (St.-Michel en l'Herm). — Le 200 porte que ledit seigneur seroit alle (le 22 *avril*) en labbaye St.-Michel in Heremo couche en icelle avecq son train avoir envoye visiter le prieure de Mareuilh et le tiers jour (24) estre entre en l'église dudit lieu y annonce la parole de Dieu confirme et tonsure.

Curson (Gurson). — Le 201 porte que ledit seigneur seroit

alle au prieure de Curson couche en ycelluy avec son train et le lendemain jour de Quasimodo (25 *avril*) avoir sejourne audit lieu aux despens des prieures St.-Irisse et St.-Benoist des Angles lesquels ledit jour il auroit faict visiter et que le lundy suyvant (26) auroit presche confirme et tonsure.

Angles. — Le 202 porte que ledit seigneur archeuesque seroit alle au prieure des Angles et couche en ycelluy avecq son train et le lendemain (27) y avoir faict sa visite confirme et tonsure.

Longueville (Longeville). — Le 203 porte que ledit seigneur archevesque seroit arrive au prieure de Longueville et illec couche avecq son train et continuant sa visite jusques au lendemain (28) annonce la parole de Dieu confirme tonsure et faict aultres actes de visite.

Maufetz (Mauxfaits). — Le 204 porte que ledit seigneur seroit parvenu au prieure de Maufetz en icelluy couche avecq son train et le lendemain (29) y avoir presche confirme tonsure et faict autres actes de visite et ledit jour y avoir sejourne pour se recréer et envoye ses visitateurs aux prieures du Champ St-Pierre et St.-*Guian sur Séparin* et le tiers jour (30 *avril*) estre alle en l'abbaye de Lieu-Dieu-en-Jard et estre receu par honestete y avoir couche avecq son train aux despens de labbe dudit lieu et le lendemain matin (1 *mai*) y avoir entendu messe confirme et tonsure plusieurs.

Talamont (Talmont). — Le 205 porte que ledit seigneur seroit alle en l'abbaye de Talamont et y avoir sejourne deux jours (1 et 2 *mai*) esquels il auroit faict sa visite et le tiers jour (3 *mai*) annonce la parole de Dieu confirme et tonsure.

Orbisterio (Orbêtier). — Le 206 porte que le *unzième* de may[1], ledit seigneur seroit alle en l'abbaye d'Orbisterio couche en icelle avecq son train et le lendemain (4 *mai*) annonce la parole de Dieu et demeure pour achever sa visite.

Ste-Croix d'Aulonne. — Le 207 porte que ledit seigneur seroit alle au prieure Ste-Croix d'Aulonne couche en icelluy avecq son train envoye visiter le prieure de *Vindocinio* et le lendemain (5 *mai*) annonce la parole de Dieu et faict aultres actes de visitation.

Assian (Aizenay). — Le 208 porte que ledit seigneur seroit alle au prieure de Assian mouvant de Malmostiers auquel il auroit couche et le lendemain (6 *mai*) continue sa visitation et faict les actes requis en ycelle.

Quiniguères (Commequiers.) — Le 209 porte que ledit seigneur seroit alle au prieure Quinegueres mouvant de ladite abbaye de Malmostier couche en ycelluy avecq son train et faict les aultres actes apartenantz à sa visite le sixiesme mai 1305.

Sallartène. — Le 210 porte que ledit seigneur seroit arrive le 7 mai 1305 au prieure de Salartène deppendant aussy de ladite abbaye de Malmostiers couche en ycelluy avecq son train le lendemain (8 *mai*) annonce la parole de Dieu confirme et tonsure et encore couche audit lieu.

[1] Il est évident qu'il faut lire *troisiesme*.

BEAUVOIR. — Le 211 porte que ledit seigneur seroit alle au prieure de Beauvoir ou auroit celebre messe annonce la parole de Dieu confirme et tonsure et couche audit lieu (le 9 *mai*) avecq son train.

SAINT-GERVAIS. — Le 212 porte que ledit seigneur auroit visite le prieure de St.-Gervais en ycelluy annonce la parole de Dieu confirme et tonsure et y couche avec son train (10 *mai*).

ROQUE-SUR-RIEU (ROCHE-SUR-YON.) — Le 213 porte que ledit seigneur auroit visite le prieure de Roque-sur-Rieu et le 12 dudit moys de may avoir aussi visite celluy de Fontaines et le jour suyvant (13) avoir visite l'abbaye de Frontenaulx et le jour suyvant (14) avoir visite le prieure de Chezay le Viscomte (la Chaise-le-Vicomte) et avoir le lendemain (15) sejourne audit lieu à ses propres despens et le jour suyvant (16) et le lundy (17) apres avoir faict sa visite et demeure au mesme lieu à ses despens et le mardy (18) avoir visité le prieure Dexartz (Les Essarts) et le mercredy suyvant (19) avoir visite le prieure de Montchans (Mouchamps) le jeudy (20) celluy de Segornay-de-Puybeliard ou il auroit couche.

CHAUSTEAU-MUR. — Le 214 porte' que ledit seigneur auroit visite le prieure de Chasteaumur et y couche avecq son train et le lendemain (21) annonce la parole de Dieu confirme tonsure et faict deuement sa visite.

TREZE-VENTS. — Le 215 porte qu'il auroit le 22 may deuement visite le prieure de Treze-Vents et d'illec estre alle en ycelluy de St.-Jovin-de-Mauleon ou il auroit couche avec son train et le lendemain dimanche auparavant l'Assention (23 *mai*) este en l'abbaye dudit Mauleon annonce la parole de Dieu confirme et tonsure et deuement paracheve sa visite et y couche avecq son train.

St-Jean de Malebrebio (Mallièvre). — Le 216 porte que ledit seigneur arriva au prieure St.-Jean-de-Malebres (24 *mai*) presche audit lieu confirme et faict aultres actes de visite.

St-Clément. — Le 217 porte que le dit seigneur seroit alle au prieur de S.-Clement couche en icelluy avec son train et le lendemain (25) annonce la parole de Dieu confirme et tonsure.

St-Cyprien. — Le 218 porte que ledit seigneur auroit visite le prieure de St.-Cyprien près Bertoire[1] couche en icelluy avecq son train (le 26 *mai*) et le lendemain jour de l'Assention (*jeudi 27 mai*) estre alle au prieure dudit Bertoire ou il auroit celebre la grand messe annonce la parole de Dieu confirme et deuement visite l'eglise dudit prieure et couche avecq son train en celluy de St-Cyprien aux despens de celluy de Bertoire.

Saint-Jaques. — Le 219 porte que ledit seigneur seroit alle (le 28 *mai*) au prieure St.-Jacques pres Touars couche en ycelluy avecq son train annonce la parole de Dieu confirme et faict deuement sa visite et demeure audit lieu (le 29 *mai*) aux despens du doyen de Touars l'eglise duquel il avoit faict visite.

[1] *Bertoire* est là pour *Bercoire*, c'est-à-dire Bressuire, en latin *Bercorium*.

Porthenay (Parthenay). — Le 220 porte que ledit seigneur seroit alle au prieure de Porthenay couche en icelluy avecq sa famille et le lendemain (30 *mai*) presche la parole de Dieu confirme et tonsure.

Chassaigne. — Le 221 porte que ledit seigneur archeuesque seroit arrive au prieure de Chassaigne le dernier (31 *mai*) de may ou il auroit couche avecq son train et le lendemain (1er *juin*) y annonce la parole de Dieu confirme et tonsure.

Erions (Ayron). — Le 222 porte que led. s.r auroit aussy visite le prieure de Erions couche en icelluy avec son train et le lendemain avoir presche et fait aultres actes requis à lad. visite.

Cernay. — Le 223 porte que led. seigneur auroit aussi visite le prieure de Cernay couche en icelluy et y annonce le lendemain la parole de Dieu et deuement accomply sad. visite.

Chavans. — Le 224 porte que led. seigneur auroit aussi visite le prieure de Chavans et y couche avecq son train et le lendemain y presche et deuement accomply sad. visite.

Chevosse. — Le 225 porte que led. seigneur auroit aussy visite le prieure de Chevosse et après avoir este en icelluy de Savignac ou auroit couche avecq son train et le lendemain paracheve sa visite.

Faye la Vineuse. — Le 226 porte que led. seigneur auroit visite leglise collegialle de S.t Georges de Faye la

Vineuse couche aud. lieu avecq son train y celebre le lendemain la grand messe et promeu deulx clercs à l'ordre d'acolite annonce la parole de Dieu confirme et fait deuement sa visite et y couche avecq son train fait visiter le prieure St Jouin et baille le lendemain tonsure à plusieurs.

AMBERES. — Le 227 porte que led. seig.[r] auroit visite le prieure d'Amberes couche en icelluy avecq son train le lendemain presche aud. lieu et deuement fait sa visite.

St DENIS DES VALLEES. — Le 228 porte que led. seig.[r] seroit arrive le 8 juin au prieure St Denis des Vallees dependant de l'abbaye S.[t] Denis en France y avoir couche avecq son train le lendemain avoir ouy messe et sestre retire.

VENDOBRIO (VENDEUVRE). — Le 229 porte que led. seigneur auroit visite leglise de Vandobrio couche aud. lieu avecq son train presche le lendemain en lad. eglise confirme et fait deuement sad. visite.

ESLECTION DUD. SEIG.[r] ARCHEUESQUE EN SOUVERAIN PONTIFE. — Le 230 porte que ledit seigneur par la providence de Dieu esleu en souverain pontife le 10 de juin dud. an 1305 [1] et sestre transporte au prieure de Milhans couche en icelluy avecq son train le lendemain annonce la parole de Dieu confirme et acomply deuement sa visite aud. lieu.

[1] Le copiste s'est trompé ici, où il parle en son propre nom; on sait que l'élection de Clément V est du 5 juin, non du 10.

JAUNAY. — Le 231 porte que led. seig.[r] pontife auroit visite le prieure de Jaunay couche en icelluy avec son train annonce la parole de Dieu au clerge et peuple y assemblez et acomply deuement sa visite.

St HILAIRE DE CELLE. — Le 232 porte que led. seigneur pontife le douziesme juin auroit visite le prieure de S.[t] Hilaire de Celle celebre la messe en icelluy confere les ordres generaulx d'acolit soubz diacre diacre et prebstre presche la parole de Dieu et couche aud. lieu avecq son train.

S.[te] RADEGONDE DE POITIERS. — Le 233 porte que led. souverain pontife le 14 juin seroit alle en l'eglise collegiale de S[te] Radegonde de Poitiers en icelle celebre messe y annonce la parole de Dieu confirme et fait deuement sa visite et apres estre alle a la mayson du Roy dud. Poitiers ou il auroit couche avecq son train aux despens du prieur et chappitre de lad. eglise collegiale et le lendemain avoir confere la tonsure a plusieurs.

FONTENAY LE COMTE. — Le 234 porte que led. seigneur seroit alle en l'abbaye de Fontenay-le-Conte[1] pres Poitiers icelle deuement visitée couche en icelle avecq son train et le jour suyvant *fecisse minutionem* et le mercredy et le jeudy suyvant avoir sejourne aud. lieu pour se recreer a ses propres cousts et despens et le vendredy y avoir aussy sejourne aux despens de l'archiprebstre de Sanzay quil avoit fait visiter.

LESIGNAY (LUSIGNAN). — Le 235 porte que led. souverain

[1] Lisez : Fontaine-le-Comte.

pontife seroit alle au prieure de Lesignay y presche la parole de Dieu confirme et fait deuement sa visite et sestre retire en la maison de certain bourgeois de ville ou il auroit couche avecq son train aux despens des prieur et chappitre de *vila* et led. jour seroient arrivez plusieurs courriers et lettres de ce quil estoit esleu en souverain pontife et auroit demeure aud. lieu les jours de dimanche et lundy a ses despens.

Notre Dame de Celle. — Le 236 porte que led. souverain pontife esleu en ceste dignité, le 22 juin 1305 seroit alle en labbaye N^re Dame de la Celle presche la parole de Dieu au peuple et led. jour et le suivant y avoir couche avecq son train par double procuration comme il auroit sejourne le jeudy feste de St Jean a ses despens.

Saint Seurein (St Seurin sur Boutonne.) — Le 237 porte que sa saintete seroit alle abbaye St Seurin ou il auroit presche la parole de Dieu couche en icelle avecq son train et le lendemain jour de samedy labbe et convent dud. lieu avoir recogneu que larchevesque de Bourd^x avoit double procuration aud. monastere.

FIN

www.ingramcontent.com/pod-product-compliance
Lightning Source LLC
Chambersburg PA
CBHW070637100426
42744CB00006B/721

* 9 7 8 2 0 1 2 5 3 0 9 6 6 *